C.H.BECK WISSEN

Die Zeit zwischen 1430 und 1560 gilt unbestritten als die faszinierendste Epoche der italienischen Geschichte, die emphatisch als kulturelle und zivilisatorische «Wiedergeburt» – als Renaissance – gefeiert wurde. Künstler, Architekten, Theoretiker und «Universalgenies» wie Leonardo da Vinci, Michelangelo, Raffael, Palladio, Bramante oder Machiavelli wirkten in dieser Zeit. Mächtige Familien, Herzöge und Päpste wetteiferten miteinander, um mittels der Kultur dem eigenen Machtanspruch Größe und Dauer zu verleihen. Volker Reinhardt erklärt, wie es zu dieser einzigartigen Verdichtung kam. Er beschreibt die Entwicklung der italienischen Staatenwelt seit dem Spätmittelalter, Lebensstil und Selbstverständnis der Oberschichten, die Ausbildung höfischer Gesellschaften sowie die Hauptströmungen humanistischer Kultur und politischer Theorie. Am Beispiel wichtiger Persönlichkeiten, Werke und Schlüsselereignisse geht er der Frage nach, welche Wesensmerkmale die vielfältigen kulturellen Neuerungen zu einer gemeinsamen Epoche machen. Ein Ausblick auf die europaweite Ausstrahlung der italienischen Renaissance schließt das konzise und verlässliche Standardwerk ab.

Volker Reinhardt, ist Professor em. für Geschichte an der Universität Fribourg. Bei C.H.Beck erschienen von ihm zuletzt die Biographien «Voltaire. Die Abenteuer der Freiheit» (2. Aufl. 2023), «Montaigne. Philosophie in Zeiten des Krieges» (2023), «Der nach den Sternen griff. Giordano Bruno» (2024) sowie das viel gerühmte Buch «Die Macht der Schönheit. Kulturgeschichte Italiens» (4. Aufl. 2022). Für sein Lebenswerk wurde er mit dem Preis der Kythera-Kulturstiftung ausgezeichnet.

Volker Reinhardt

DIE RENAISSANCE IN ITALIEN

Geschichte und Kultur

C.H.Beck

Mit 6 Abbildungen und 1 Karte

1. Auflage. 2002
2. Auflage. 2007
3., durchgesehene Auflage. 2012
4., durchgesehene Auflage. 2019

5. Auflage. 2024

Originalausgabe

www.chbeck.de
Reihengestaltung Umschlag: Uwe Göbel (Original 1995, mit Logo),
Marion Blomeyer (Überarbeitung 2018)
Umschlagabbildung: Filippo Lippi, Krönung Mariens (Ausschnitt),
1441–1447, Florenz, Galleria Degli Uffizi,
© akg-images/De Agostini Picture Library/G. Nimatallah
Satz: C.H.Beck.Media.Solutions, Nördlingen
Druck und Bindung: Druckerei C.H.Beck, Nördlingen
Printed in Germany
ISBN 978 3 406 82039 7

myclimate

verantwortungsbewusst produziert
www.chbeck.de/nachhaltig

Inhalt

1. Eine Epoche und ihre Grenzen

Bilder und Mythen der Renaissance

Die Renaissance in Italien als erster Abschnitt der europäischen Moderne ist ein folgenreiches Konstrukt des 19. Jahrhunderts. Ob es sich dabei um eine Entdeckung oder eine Erfindung handelt, das heißt, ob und, wenn ja, wie man diese Epoche bestimmen und auf welchen Zeitrahmen man sie festlegen kann, darüber streiten Historiker bis heute lebhaft. Eine Einigung ist nicht in Sicht. Das Fehlen von Konsens schlägt sich am augenfälligsten in den stark voneinander abweichenden Datierungen nieder. Hier präsentiert so gut wie jeder Autor eigene Ansätze. «Maximalisten» stecken die Grenzen der Renaissance zwischen 1250 und 1650 ab; «Minimalisten» reklamieren meist nur den Großteil des 15. und die erste Hälfte des 16. Jahrhunderts für «ihre» Renaissance. Skeptiker schließlich ebnen diese zu einer bloßen Episode im großen Fließen europäischer Geschichte zwischen 1000 und 1800 ein. Doch eine solch radikale Bestreitung der Epochentauglichkeit ist eher selten. Meistens wird der Begriff «Renaissance» aus Gewohnheit, als liebgewonnene, nützliche oder zumindest vertraute Konvention verwendet.

In krassem Gegensatz zum eher gedämpften Gebrauch in der historischen Wissenschaft ist in Belletristik und Medien ein sehr blutvolles Bild der italienischen Renaissance verbreitet: als Morgenröte sich selbst entfaltender, kühn zu neuen geistigen und geographischen Horizonten aufbrechender Individuen beiderlei Geschlechts mit ausgeprägter Neigung zu *sex and crime*. Diese Renaissance, für die Cesare und Lucrezia Borgia, amoralische Sprösslinge Papst Alexanders VI., als Prototypen in Anspruch genommen werden, hat sich als völlig immun gegen jedwede Bestreitung durch historische Fakten erwiesen und wird auch – siehe die Auflagenziffern historischer Romane, die um das Jahr 1500 in Venedig oder Rom spielen – unangefochten von solchen Widerlegungsversuchen weiterblühen. Daraus darf geschlossen werden, dass diese virtuelle Welt gebraucht wird – als Kontrastfolie zu einer bürokratisierten, ereignislos-vorhersagbaren Gegenwart; als eine Gegenwelt, in die man unerfüllte Erwartungen projizieren kann; als Beweis, zu was der Mensch, der nach dem klerikal beherrschten finsteren Mittelalter endlich von Sündenbewusstsein und künstlich eingepflanztem schlechtem Gewissen befreit ist, im Guten wie im Bösen fähig ist. Mit einem Wort: Die virtuelle Renaissancewelt wird als Überlebenshilfe in einer Überzivilisation gebraucht, die das Individuum zur bloßen Nummer degradiert. Diese Funktion erfüllte der Mythos Renaissance im Übrigen schon im Fin de siècle mit seiner grassierenden Renaissance-Mode, vor allem in der Literatur – man denke etwa an Heinrich Manns Roman *Die Göttinnen oder Die drei Romane der Herzogin von Assy* von 1903.

Dass sich die mit wissenschaftlichen Methoden erschließbare «wirkliche» Renaissance in Italien anders, vielschichtiger, spannungsreicher darstellt, ist ein Gemeinplatz; dass sie in diesem Licht zugleich spannender hervortritt – auch das gilt es im Folgenden zu belegen. Aus diesem – kühnen – Anspruch erklärt sich der Aufbau dieses Buches. Auf einen knappen Abriss zu den Wegen, Geschicken und Thesen der Renaissance-Forschung in den letzten anderthalb Jahrhunderten folgt der Versuch einer ebenso kurzen kritischen Bestandsaufnahme: Welche Erkenntnisse zu Staat, Gesellschaft, Kultur und Mentalitäten haben sich in welchem Maße als haltbar erwiesen? Und welches Bild der Renaissance in Italien lässt sich, auf diesem kleinsten, mehr oder weniger gemeinsamen Nenner aufbauend, entwerfen? Das am Ende dieser Einführung in Kurzform vorgestellte Epochentableau soll danach zu einem ausführlicheren Querschnitt durch die verschiedenen Aspekte und Lebenswelten der Zeit erweitert werden. Dabei werden Abschnitte zur politischen, diplomatischen und militärischen Geschichte der italienischen Staatenlandschaft vorangestellt, auf die Erläuterungen zu den verschiedenen politischen Systemen und ihren Führungsschichten folgen. An sie schließen sich Beschreibungen und Erklärungen von Höfen und höfischen Gesellschaften an. Diese leiten zum nächsten Themenbereich Mäzenatentum, Propaganda und Bilderwelten über, der in vielfältiger Weise mit dem nachfolgenden Kapitel zu den vorherrschenden kulturellen Strömungen, zu Weltbildern von Eliten und einfachen Leuten verknüpft ist. Am Ende steht ein Ausblick auf die Ausstrahlungen Italiens ins übrige Europa der Zeit.

So umfassend dabei auf den neuesten Forschungsstand zurückgegriffen wird, so bleibt doch der Hinweis in eigener Sache angebracht, dass ein Versuch der Synthese und Neubestimmung der italienischen Renaissance bei allem Bemühen um ein ausgewogenes Urteil immer auch subjektiv eingefärbt ist. Offenbar reicht diese ein halbes Jahrtausend entfernte Zeit stärker in unsere Gegenwart hinein als rein chronologisch näher liegende Epochen, geht es dabei doch mehr oder weniger verborgen auch um die Moderne als Ganze und um ihr Produkt – um uns.

Jacob Burckhardt und die Folgen

Um die Moderne als Ganze ging es bereits 1860, als mit Jacob Burckhardts *Kultur der Renaissance in Italien* ein einprägsames, suggestives, ja bezwingendes Bild der ersten Phase der europäischen Neuzeit zwischen Alpen und Ätna vor das Auge des gebildeten europäischen Publikums trat. In seinem thesenhaft angelegten Querschnitt durch alle Bereiche des öffentlichen und privaten, äußeren und inneren Lebens der Großen wie der Kleinen tritt die Renaissance in Italien, zwischen Ende des 13. und Mitte des 16. Jahrhunderts datiert, unvergleichlich lebendig und zugleich zutiefst doppeldeutig hervor. Durch nostalgische Beschwörung herangerückt, aber ebenso durch moralisches Grauen auf Distanz gehalten, vereinigt sie Licht und Schatten der gesamten Moderne in sich, die sie stürmisch einleitet. Die Welt entzaubernd, unerschrocken nach dem Wesen des Faktischen forschend, hebt sie alle überkommenen Legitimationen auf und löst damit die ununterbrochene Reihe der Revolutionen bis heute aus.

Hinter der Farbenpracht von Burckhardts Bilderbogen steht somit ein in sich geschlossenes kausales Modell, das eine unaufhaltsame Kettenreaktion erklärt: die Entdeckung des Ichs und der Welt, daraus resultierend die Auflösung vorher verbindlicher Weltbilder, Subjektivierung als Folge objektivierender Welterforschung, durch alle Schichten hindurch und daher mit einschneidenden Konsequenzen für den Alltag in allen seinen Schattierungen. Der Durchbruch zur Moderne aber vollzieht sich vorzeitig in Italien, weil hier zum einen die Membran zwischen Gegenwart und Antike rasch durchstoßen wird und zum anderen die feudale Ordnung schwach und aufgesetzt ist und somit Platz bietet für das große Experiment, für eine neue Politik als Kunst der Macht: Der Staat als Kunstwerk wird zum Laboratorium des neuen Menschen. Denn die seit dem späten 13. Jahrhundert siegreich ausgreifende Einzelherrschaft, die aller überkommenen Rechtfertigungen und Regeln spottende Tyrannis machtvoller Individuen, zieht sich in einer unerbittlichen Schule des Erfolgs skrupellose Machtmenschen, devote Machtdiener, aber auch deren modernen Gegentypus, den Machtverächter, heran. Von so viel Amoralität angeekelt, tritt dieser den Rückzug ins Privatleben an und bildet als Kunstmäzen oder Literat den neuen Geist der Individualität weiter aus. Im Anspruch des Einzelnen auf schrankenlose Selbstentfaltung lebt, so Burckhardt, die Renaissance in den europäischen Revolutionen der Folgezeit stetig gesteigert fort – und mit ihr die unheimliche Dialektik von Individualität und Machtstaat, der allein die heillos konkurrierenden Ansprüche der Individuen zu bändigen vermag und diese zugleich zu einer gestaltlosen Masse herabdrückt.

Diese Thesen lösten neben nationalistischen Debatten darüber, welches Land das Erstgeburtsrecht der Renaissance für sich in Anspruch nehmen dürfe, auch andere Seltsamkeiten aus (etwa die hitzige Diskussion über den «heidnischen» Charakter der Zeit). Lässt man diese Auseinandersetzungen außer Acht und resümiert stattdessen die (vor intellektuellen Exzessen allerdings auch nicht immer geschützten) seriösen, bis heute fortwirkenden «revisionistischen» Ansätze der Forschung, so setzt die Kritik zuerst an Burckhardts Bild des Mittelalters an. Seinem idealtypischen Konzept einer vorindividuellen, von verbindlichen kollektiven Glaubens- und Weltvorstellungen bestimmten

Zeit stellten europäische Mediävisten ein entschieden moderneres Bild entgegen. Belege für Individualität, Naturforschung und vor allem intensive Wiederentdeckungen des Altertums im Mittelalter wurden gesucht und gefunden, mit der unerwarteten Folge, dass es jetzt auf einmal mehrere Renaissancen gab. Sie reichten von der Zeit der Karolinger bis zum frühen 13. Jahrhundert und stellten die Einzigartigkeit der Renaissance als Wiederentdeckung und Wiedererschließung der Antike zumindest in Frage. Ähnlich erging es dem Humanismus des 14. und 15. Jahrhunderts, der jetzt gleichfalls an einen Proto- oder Prä-Humanismus des hohen Mittelalters angebunden und dadurch in seiner Neuartigkeit relativiert wurde.

Hoben diese Neubewertungsversuche bis zum ersten Viertel des 20. Jahrhunderts in ihrem Bemühen, die von Burckhardt so tief angesetzte Zäsur zwischen Mittelalter und Renaissance einzuebnen, noch überwiegend auf eher vage Größen wie Epochengeist und Weltanschauungen ab, so wurde der Nachweis ausgeprägter Kontinuitätslinien zwischen den Epochen ab den 1930er Jahren durch Paul Oskar Kristeller und seine Schüler viel konkreter geliefert. Umfassende Textvergleiche zeigten, wie viel die lateinische Grammatik und Rhetorik des 15. Jahrhunderts mittelalterlicher Sprachpflege verdankt und wie eng viele literarische Gattungen der Humanisten an ältere Vorläufer anknüpfen. Nach 1945 wurde dieses neue Konzept eines gleitenden, stufenreichen Übergangs vom Spätmittelalter in eine Renaissance, die gleichwohl in ihren Umrissen noch erkennbar bleibt und mit deutlichem zeitlichem Vorsprung in Italien einsetzt (oder sogar ganz auf Italien beschränkt bleibt), allmählich zum vorherrschenden Paradigma, vor allem in der angelsächsischen Welt, wo seit jeher die ausgeprägteste Burckhardt-Skepsis bestand. Wohl nicht zufällig war und ist der intellektuelle Widerstand gegen dieses mehr oder weniger nivellierte Bild der italienischen Renaissance in Italien am deutlichsten, wo Humanismushistoriker wie Eugenio Garin die Innovativität der Elitenkultur des 15. Jahrhunderts stärker betonen und auch an der Modernität des Renaissancestaates und seiner Strukturen stärker als anderswo festgehalten wurde (Federico Chabod).

Inzwischen nämlich wurde der Graben auch von der Seite der Frühneuzeit-Historiker immer mehr zugeschüttet. Dabei spiegelte das sich wandelnde Bild der italienischen Renaissance fundamentale Neuausrichtungen der Geschichtswissenschaft und ihrer Methode nach dem Zweiten Weltkrieg wider. Ein stärker «von unten» fokussierter Blick erschloss die in überwältigendem Maße traditionelle Mentalität der einfachen Leute, wie sie sich in Tagebüchern oder Prozessakten finden lässt. Auch die kollektive «Weltanschauung» städtischer Oberschichten wurde jetzt als vorherrschend konservativ bestimmt (Felix Gilbert). Ebenfalls ab den 1960er Jahren stürzte Burckhardts hochragendes Konstrukt des modernen Tyrannenstaates in sich zusammen. Untersuchungen wie die von Giorgio Chittolini wiesen im Gegenteil auch hier überwiegend bewahrende, ja traditionelle Grundzüge nach. Ähnliche Tendenzen brachen sich in der Sozialgeschichte Bahn; sie belegten die Einseitigkeit von Burckhardts Individualisierungskonzept, soweit es über einzelne herausragende, aber eben auch untypische Individuen hinaus auf soziale Schichten Anwendung findet. Die überwältigende Mehrheit der Italiener aller gesellschaftlichen Schichten lebte, so das Fazit, auch in der Renaissance solide in Ordnungsrahmen eingebettet, wobei sich allenfalls eine Verlagerung hin zu kleineren Einheiten, etwa der Kernfamilie statt des weiteren Sippenverbandes, nachweisen lässt.

Umstürzend war auch der Perspektivenwechsel im wirtschaftlichen Bereich. So gut wie nichts bleibt von der älteren Auffassung, dass sich in der Renaissance zukunftsweisende ökonomische Innovationen hin zu kapitalistischen Produktions- und Vermarktungsmethoden vollzogen, die dann im Zeichen der von Spanien und dem Papsttum erzwungenen «Gegenreformation» ab etwa 1560 wieder einer auf Grundrentenbezug und adeligen Lebensstil fixierten Mentalität weichen mussten. Stattdessen trat immer deutlicher hervor, dass die revolutionären Neuerungen in Handel, Bankwesen und Textilproduktion überwiegend in eine viel ältere Zeit, ins 12. und 13. Jahrhundert, zurückreichten. Wie es darüber hinaus schon damals und auch danach immer wieder Phasen ausgeprägten «Rückzugs» in den

Erwerb von Land und Lehen gab und überhaupt, sozial und wirtschaftlich gesehen, die Grenzen zwischen Stadt und Land, Kommerz und «Feudalität» fließend verliefen. Vor allem aber sind die knapp zweihundert Jahre nach der Großen Pest von 1347/48 im Zeichen dramatischer Bevölkerungsaderlässe als ein Zeitraum erst stark schrumpfender und sich im Laufe des 15. Jahrhunderts auf reduziertem Niveau einigermaßen konsolidierender Produktions- und Handelsverhältnisse erwiesen. Vor diesem Hintergrund ist es ein aussichtsloses, ja widersinniges Unterfangen, die künstlerischen Ausdrucksformen der Frührenaissance, wie sie sich zuerst im Florenz des frühen 15. Jahrhunderts entwickelten, als Spiegel ganz konkreter sozialer und wirtschaftlicher Wandlungen zu erfassen. Die auf die antike Tradition des freistehenden Standbildes zurückgreifenden Skulpturen Donatellos, die Bauformen des Altertums wiederaufnehmende Architektur Brunelleschis und die zentralperspektivisch angelegten Bilder Masaccios lassen sich keiner «modernen», frühkapitalistischen Auftraggeberschicht zuordnen. Die Florentiner Oberschicht war zu dieser Zeit Großhändler, Bankier und Grundbesitzer in Personalunion, ihre Geschmacksvorlieben sind nicht entlang sozioökonomischer Trennlinien aufzuteilen.

Merkmale einer revidierten Epoche

Was also bleibt? Soll man die Renaissance in die Rumpelkammer der abgetanen Mythen verweisen und damit als Epoche abschaffen, wie es Peter Burke in seiner kurzen Übersicht von 1988 tut – derselbe Autor, der anderthalb Jahrzehnte zuvor in einer der ausgewogensten, die Burckhardt'schen Überzeichnungen behutsam korrigierenden Neubewertungen der italienischen Renaissance noch zu einem moderat gegenteiligen Ergebnis kam? Überblickt man die Forschung der letzten Jahrzehnte, speziell einer Betrachtungsweise, die die Grenzen zwischen Kunst-, Ideen- und Geistesgeschichte zugunsten einer ganzheitlichen Kulturgeschichte auflöst, so zeichnen sich Umrisse eines neuen Bildes der Renaissance in Italien ab. In dieser Perspektive stellt sich der Zeitraum von etwa 1430 bis 1560 als durch zahlreiche Kontinuitätslinien an Traditionen rückgebundene, in mancher Hinsicht konservative, in anderen Sektoren aber auch entschieden innovative, somit exemplarisch kontrastreiche Einleitungs- und Ausbildungsperiode der Neuzeit dar – als ein Zeitraum somit, in dem Italien in wesentlichen Bereichen Modernisierungsprozesse vorwegnahm, die das übrige Europa vom Beginn des 16. Jahrhunderts bis ins Zeitalter Ludwigs XIV. hinein nachvollzog und weiter ausbildete.

Diese gewissermaßen vorgezogenen zukunftsweisenden Entwicklungen Italiens in der Renaissance bestanden vor allem in der immer intensiveren Nutzung von Propaganda und «Medien». Dabei setzten Herrscher und Eliten Italiens nicht nur auf das werbewirksam geschriebene Wort, sondern in steigendem Maße auf die Überredungsmacht von Bildern, Statuen und Bauten. Parallel dazu entwickelte sich der vorher rudimentär angelegte Hof zu einer prunkvoll ausgestatteten Bühne, auf welcher der Herrscher in einer immer exklusiveren Umgebung Prestige nach innen und außen zu gewinnen und zugleich seine einheimische Führungsschicht im Blickfeld bzw. unter Kontrolle zu behalten versuchte. Die sich damit im Lebensstil der höfischen Gesellschaft vollziehenden Wandlungen, neue Normen des Schönen und des Anstands, aber auch veränderte ästhetische Leitbilder und ihre Umsetzung in Ideen und Kunstwerken, waren also unmittelbar mit Neuformierungen und Neusortierungen an der Spitze von Staat und Gesellschaft verknüpft – und nur im Zusammenhang mit ihnen zu erfassen. Über diese primären Merkmale hinaus zeichneten sich im selben Zeitraum zwei weitere Entwicklungen ab, die ältere Ansätze verstärkt fortsetzten und dadurch für die Epoche als solche charakteristisch wurden: fortschreitende soziale Ausdifferenzierung, vor allem als definitive Bestätigung, Verfestigung und Heraushebung von Führungsgruppen verstanden; und eine langsamere, keineswegs geradlinige, doch nach der Mitte des 16. Jahrhunderts im Wesentlichen abgeschlossene äußere Arrondierung und Konsolidierung der einzelnen Staaten wie der politischen Landkarte als Ganzer. Ohne Frage gewichtet dieser Versuch einer

Epochenbestimmung stark die «virtuellen» Aspekte einer in der sozialen und politischen Realität viel immobileren, nicht selten sogar rückwärtsgewandten Zeit. Die Rechtfertigung einer solchen Definition könnte aber gerade darin zu sehen sein, dass die «Medien» der Renaissance bis heute ihre Propagandabotschaften so wirkungsmächtig zu vermitteln vermögen – nicht zuletzt dadurch, dass sie den Mythos der Renaissance am Leben halten.

2. Politik und Diplomatie zwischen Alpen und Ätna

Die Staatenlandschaft Italiens im 15. Jahrhundert

Der moderne Souveränitätsbegriff ist für eine Aufgliederung der italienischen Staatenlandschaft im 15. Jahrhundert nur begrenzt tauglich. Statt einer klar konturierten, festgefügten Ordnung stellt sie sich als ein komplexes Geflecht von Bündnissen, Abhängigkeits- und Schutzverhältnissen dar. In seinen Feinheiten nur den gewieftesten Diplomaten der Zeit ganz zugänglich, lässt es sich am ehesten als ein dicht gewobenes Netz mit mehreren Mittelpunkten und zahlreichen, sich nicht selten überkreuzenden Verstrebungen vorstellen. Denn diese annähernd gleichrangigen und gleich starken Zentren waren zum Teil untereinander, vor allem aber mit den darunter rangierenden mittleren, kleinen und winzigen politischen Gebilden vielfältig verbunden. Auch wenn einige dieser Fäden mehr oder weniger auf Dauer gesponnen waren, war das Ganze doch permanent in Bewegung. Anstöße und Erschütterungen gingen von den Expansionsbestrebungen der Großen, aber auch von den Schutz- und Sicherheitsbedürfnissen der Kleinen aus.

Diese unterschiedlichen Interessen knüpften eine Fülle klientelärer, auf wechselseitigem Nutzen, Geben und Nehmen beruhender Beziehungen. Kam dem Patron dabei die Pflicht zu, seinen «Schutzbefohlenen» (*raccomandati*) gegen äußere Bedrohungen zu sichern, so hatte dieser die Macht und nicht zuletzt das Prestige seines Protektors zu mehren. Ausschlaggebend für die Haltbarkeit dieses klientelären Verhältnisses war der Erfolg, das heißt der Gewinn, den beide Seiten daraus zogen; fiel er ungenügend oder einseitig aus, ließ sich der Pakt aufkündigen. Gerade die schwächeren Glieder solcher Verkettungen auf Zeit waren, bildlich gesprochen, darauf angewiesen, das politische Gras wachsen zu hören, also Machtveränderungen auf der obersten Etage frühzeitig zu registrieren, um sich gegebenenfalls nach einem neuen Patron (oder auch mehreren) umzusehen. Die gesamten Verästelungen dieses Geflechts zu übersehen, ja nur seine wichtigsten Regeln zu verstehen, fiel gerade Außenstehenden schwer. Und doch hat einer von ihnen, der französische Diplomat Philippe de Commynes (1447–1511), das riskante Spiel auf der diplomatischen Bühne Italiens in den 1490er Jahren nicht nur virtuos zu meistern gelernt, sondern auch in seinen *Mémoires* eindrucksvoll beschrieben.

Auf der obersten Stufe dieses Gefüges standen um die Mitte des 15. Jahrhunderts fünf Großmächte – die Republik Venedig, das Herzogtum Mailand, die Republik Florenz, die geistliche Wahlmonarchie des Kirchenstaates und das Königreich Neapel-Sizilien (seine offizielle Bezeichnung lautete «Königreich Sizilien diesseits und jenseits des Leuchtturms», das heißt der Straße von Messina). Darunter folgte eine Reihe von Mittelstaaten wie das zur Herrschaftsagglomeration der Herzöge von Savoyen zählende Piemont, die Einzelherrschaften (Signorien) Mantua und Ferrara unter ihren Marchesi aus den Familien Gonzaga bzw. Este, die Republiken Genua, Lucca und Siena, die Herrschaften der päpstlichen Vikare («Stellvertreter») aus den Familien Malatesta in Rimini und Montefeltro in Urbino. Am Grunde der Machtpyramide schließlich tummelte sich eine Vielzahl von Klein- und Kleinststaaten. Ihre Herren, wie etwa die Malaspina oder Pallavicino, konnten vom Kaiser verliehene ländliche Reichslehen innehaben, die vor allem in abgelegenen Gebieten zwischen den größeren Machtblöcken, zum Beispiel im «Niemandsland» zwischen Ligurien und Toskana, teilweise bis zur napoleonischen Zeit erhalten blieben, aber auch über kleinere Städte und deren Umland herrschen wie etwa die Pio in Carpi oder die Pico in Mirandola. Ob und in welchem Maße solche Miniterritorien auf diplomatischer Bühne in eigener Sache spielberechtigt waren, hing stark von der jeweiligen politischen Situation und damit davon ab, an welche einflussreichere Macht sie sich anlehnten.

Weitere mit heutigen staatsrechtlichen Kategorien nicht fassbare «Souveränitäts»-Grauzonen waren im Kirchenstaat und südlich davon verbreitet. Größere Städte wie Bologna und Perugia, aber auch kleinere Orte wie etwa Foligno und Città di Castello waren im 15. Jahrhundert nominell dem Papst unterstellt, tatsächlich aber unter der notdürftig oder auch gar nicht legalisierten Vorherrschaft einheimischer Adelsfamilien zumindest phasenweise weitgehend unabhängig. Dasselbe gilt für die großen Barone des Südens. *De jure* der Lehenshoheit des in Neapel residierenden Monarchen unterworfen, regierten die mächtigsten Feudalgeschlechter wie etwa die Orsini in ihren riesigen, bezeichnenderweise *stato* genannten Territorien von jeglicher Einmischung nahezu unangefochten. Dass sie sich im Konfliktfall (wie etwa im berühmten Komplott der Jahre 1485/86) bedenkenlos mit auswärtigen Mächten gegen ihren königlichen Herrn verschworen, spiegelt weniger moralische Verworfenheit als vielmehr den Anspruch, niemandem unterworfen zu sein. Aus der fast unüberschaubaren Fülle territorialer Herrschaftsbildung seit dem 10. Jahrhundert hervorgegangen, waren die italienischen Kleinststaaten als Reste einer älteren Ordnung durch die Expansions- und Arrondierungsbestrebungen der größeren Mächte seit dem 14. Jahrhundert potentiell aufs Höchste gefährdet. Dennoch überstanden nicht wenige dieser akut vom Aussterben bedrohten politischen Gebilde die diplomatisch-militärischen Stürme der Renaissance unbeschadet, als Pufferzonen zwischen größere Staaten eingefügt und in deren Windschatten geschützt – auch ein Anzeichen dafür, dass altes Recht mehr zählen konnte als schiere Macht.

Noch komplizierter wurden die politischen Verhältnisse auf der Halbinsel dadurch, dass Rang und Rechtsstellung nicht notwendigerweise in eins fielen. Nach den ebenso rigorosen wie konservativen Kriterien zeitgenössischer Staatsrechtler waren von den italienischen Mächten der Renaissance nur die Republik Venedig – allerdings nicht mit der Gesamtheit ihres (auch Reichslehen umfassenden) Festlandbesitzes – und der Kirchenstaat keiner höheren Instanz unterstellte Herrschaften. Gerade der Papst häufte lehensrechtlich begründete Oberhoheiten in seiner Hand; in nomineller feudaler Abhängigkeit von Rom standen so bedeutende Mächte wie das Königreich Sizilien (seit 1130) oder das Gebiet der Markgrafen bzw. (seit 1471) Herzüge von Ferrara. Im politischen Alltag ziemlich folgenlos, konnte diese Rechtsstellung in Krisen- und Umbruchzeiten, bei Thron- oder sogar Dynastiewechseln bzw. inneren Aufständen ausschlaggebend werden. So beschwor die Weigerung Papst Kalixtus' III., Ferrante, dem unehelichen Sohn König Alfonsos V. von Sizilien, die Investitur mit dem festländischen Teil des Königreichs zu verleihen, 1458 die Gefahr eines Krieges herauf, vor dem Italien dann nur der Tod des achtzigjährigen spanischen Pontifex bewahrte.

Überhaupt ist viel ältestes Mittelalter in den Rechtsverhältnissen Renaissance-Italiens lebendig. Wie schon das Überleben der Reichslehen zeigte, bestand die Rechtsordnung des von den Langobarden im 6. Jahrhundert begründeten, von Karl dem Großen 773/74 eroberten und von Otto dem Großen 951/62 erneuerten Königreichs Italien als Teil des Heiligen Römischen Reiches fort – zumindest als Anspruch. Vermochten Metropolen wie Genua und Florenz ihre Unabhängigkeit gegenüber dem Reich faktisch so weit durchzusetzen, dass die durchaus gegensätzlichen Standpunkte des Kaisers diese Autonomie nicht wesentlich einschränkten, so sah die Lage in vielen, auch wirtschaftlich und politisch florierenden Teilen Nord- und Mittelitaliens, etwa in den beiden dem Reich unterstellten Republiken Lucca und Siena, schon ganz anders aus. Cosimo de' Medici, Herzog von Florenz, nahm 1555 die Republik Siena nicht nur mit der allerhöchsten Genehmigung Kaiser Karls V. ein, sondern beantragte und erhielt nach abgeschlossener Eroberung auch ordnungsgemäß die Belehnung mit seinem neuen Territorium. Ebenso unbestritten war der Status Mailands als Reichslehen. Den dazugehörigen Herzogtitel hatte Giangaleazzo Visconti, als mächtigster Herrscher Italiens ein politischer Faktor von europäischem Gewicht, 1395/96 für viel Geld vom chronisch finanzschwachen König Wenzel erworben.

Macht schuf nicht automatisch Recht – die konservativen Wertvorstellungen der Zeit verlangten nachdrücklich nach nahtloser Einfügung in Traditionslinien. Wie heiß begehrt dieser Nachweis noch zwei Generationen später war, zeigen die ebenso intensiven wie erfolglosen Bemühungen Francesco Sforzas, nach dem Gewinn Mailands im Jahr 1450 auch die Herzogswürde vom Reich zu erlangen. Als einziger wirklicher Selfmade-Herrscher von Rang im Italien der Renaissance war der Ex-Söldnerführer dringend darauf angewiesen, seine von innen wie außen angefochtene Herrschaft durch Legitimation von oben abzusichern.

Gerade durch ihre nachträgliche reichsrechtliche Legalisierung stellen sich die Signorien der italienischen Renaissance als hybride politische Gebilde dar. Denn ihrem Selbstverständnis nach zogen sie ihre tiefste Rechtfertigung überwiegend aus dem ungebrochen fortlebenden Anspruch, die von ihnen bzw. ihren Vorgängern meist mehr oder weniger gewaltsam beseitigte stadtrepublikanische Ordnung der Kommune in ihrer besten und dauerhaften, nämlich nach endloser innerer Selbstzerfleischung definitiv befriedeten Gestalt zu verkörpern. Nicht zuletzt dieses Rollenverständnis des Einzelherrschers (*signore*) und die darin beschlossene Verpflichtung, die weiter bestehenden kommunalen Institutionen und Ämter, wenngleich mit stark reduzierten Kompetenzen, zu respektieren, erleichterten die vielen Übergänge von einer Staatsform zur anderen. Hier waren, mancher hochtönenden Propaganda der Zeit entgegen, weniger ideologische Grundsatz- als vielmehr pragmatische Zweckmäßigkeitsfragen zu entscheiden.

Condottieri, Allianzen und Abhängigkeiten

Das dicht gewobene Netzwerk zwischenstaatlicher Beziehungen, wie es sich ab dem zweiten Viertel des 15. Jahrhunderts ausbildete und allmählich in verschiedenen Bündnissen und Verträgen formalisiert wurde, produzierte wie alle derartigen Systeme seinen eigenen Werte- und Verhaltenskodex. Als fundamentalste der für die kleineren Staaten verbindlichen Überlebensregeln galt das Prinzip der Rückversicherung: zum rechtlichen Oberherrn einigermaßen gedeihliche Beziehungen zu pflegen, doch sich nicht ausschließlich auf diese zu verlassen, sondern enge Bindungen zu mindestens einem weiteren Patron derselben Größenordnung zu knüpfen.

Diese Doppelsträngigkeit prägte die italienische Politik Federicos da Montefeltro (1422–1482), als Herr von Urbino und höchstdotierter Söldnerführer *(condottiere)* in seinen beiden letzten Lebensjahrzehnten die wohl prestigeträchtigste Figur auf der militärischen und diplomatischen Bühne Italiens. Ostentativ auf die Erfüllung der seinem päpstlichen Lehensherrn geschuldeten Pflichten bedacht, stand Federico zugleich in einem militärischen Langzeit-Dienstverhältnis zum König von Neapel. Dieses verschaffte ihm nicht nur wertvolle politische Protektion, sondern trug auch maßgeblich zu den – geschätzten – Netto-Soldeinnahmen von knapp 900000 Dukaten bei, die den Herzog von Urbino zum reichsten Fürsten seiner Zeit (nicht nur in Italien) und zudem bei seinen Untertanen beliebt machten. Diese nämlich zahlten niedrige Steuern und hatten zudem als Soldaten im Heer ihres Landesherrn günstige Erwerbsaussichten. Die einträgliche Zweigleisigkeit aber wurde zur akuten Bedrohung von Herrschaft und Dynastie, als sich im Krieg um Ferrara Papst Sixtus IV. und König Ferrante von Neapel 1482 als Feinde gegenüberstanden. Vor die Zerreißprobe zwischen Lehensherrn und Patron gestellt, entschied sich der Herzog für den letzteren; er starb bald darauf mit der quälenden Befürchtung, die Herrschaft seiner Dynastie verspielt zu haben. Dass es überhaupt so weit kam, spiegelt die Risiken des Systems; dass es dann doch anders kam, zeigt, wie viel soziales Kapital Federico bei den Mächtigen Italiens erworben hatte – durch Beachtung von Spielregeln, in Form guter Beziehungen, aber auch in Gestalt seines einzigartigen Palastes in Urbino, in den ein großer Teil seiner Einnahmen floss.

Das Metier des *condottiere* wurde nachgerade zum Pflichtberuf der mittleren und kleineren *signori*, auch bei geringer oder gänzlich fehlender Begabung. Herrscher der obersten Kategorie vergaben, darunter rangierende *signori* nahmen Soldverträge (*condotte*). Nur diese symbolische Bedeutung erklärt die paradoxe Konstellation, dass der erfolgreiche Ex-Söldnerführer Francesco Sforza als Herzog von Mailand mit Ludovico Gonzaga einen *condottiere* in Dienst nahm, der seinem Auftraggeber an militärischer Erfahrung und Reputation unterlegen war.

Mindestens ebenso oft wie Kriege führen sollten *condottieri* bewaffnete Konflikte verhindern oder diese, waren sie unvermeidlich, zumindest unter Kontrolle halten. Andererseits sollte man – Fazit einer langen Debatte über Krieg und Kriegführung im Italien der Renaissance – ihr Metier nicht idyllisieren. Krieg wurde überwiegend auf Kosten des ungeschützten Landes, mit verbrannter Erde und verwüsteten Feldern, geführt. Und auch unter den erfahrensten *condottieri* konnte Krieg unversehens eskalieren – berüchtigt der sogenannte Sacco di Volterra im Jahre 1472, als die Truppen Federicos die unbotmäßige Untertanenstadt von Florenz in Schutt und Asche legten. In den ersten Jahrzehnten des 16. Jahrhunderts wurden dann mit der Intervention Frankreichs und Spaniens die Kampagnen um ein Vielfaches verlustreicher. Dass Kriegführung durch Söldner infolge chronischer Treulosigkeit für deren Auftraggeber mindestens ebenso gefährlich gewesen sei wie für die Gegner, ist längst als Renaissance-Mythos erwiesen: *Condottieri* wurden von ihren Dienstherren überwiegend am festen Zügel geführt. Ausnahmen wie Sigismondo Pandolfo Malatesta, der zu seinem eigenen Nachteil chronisch unzuverlässige Signore von Rimini (1417–1468), bestätigen diese Regel. Die Anwerbung der Generäle war der heutiger Fußballprofis nicht unähnlich. Spätestens im März kam es mit Anbruch der neuen Saison zu Vertragsverhandlungen. Vereinbart wurde meistens eine Pauschalsumme, mit welcher der *condottiere* seine Leute und sämtliche weiteren Nebenkosten für Tross, Transport etc. zu bezahlen hatte. Je bescheidener die militärischen Operationen, desto größer der Reingewinn – in dieser simplen Gleichung konnte zusätzlicher Anreiz zum Krieg auf kleiner Flamme bestehen. Den vielfältigen Aufgaben der *condottieri* entsprechend, standen beim Feilschen um die *condotte* breitgefächerte Fähigkeiten und Eigenschaften hoch im Kurs. Ganz oben rangierten Zuverlässigkeit, Umsicht, Mäßigung, Fürsorge für die Soldaten, väterliche Autorität, politische Weitsicht, mit anderen Worten: für den Auftraggeber prestigeträchtiges Verhalten. An dieser Skala gemessen, schnitt der bucklige, durch und durch zivile Ludovico Gonzaga, Marchese von Mantua (1414–1478), auf dem *Condottiere*-Markt besser ab als der schneidige Sigismondo Pandolfo Malatesta, dem es nur an einer einzigen, allerdings ausschlaggebenden Qualität gebrach: an Loyalität. Ludovico hingegen hatte davon so viel, dass er eine seltene Sonderbedingung, die wegen des Renommees beider Seiten nicht publik gemacht wurde, erwirken konnte: kein Dienst zu weit weg von der Heimat. Zu lange Abwesenheit des *signore* gefährdete die Stabilität seiner Herrschaft. Die Ausnahmeregelung zeigt zudem, in welchem Maße das Metier des *condottiere* vom Image und das Geflecht italienischer Diplomatie vom Schein, von der öffentlichen Meinung, von symbolischen Werten und Riten bestimmt wurde. Als solches bedurfte es im Zeitalter stetig intensivierter Propaganda der sichtbaren Versinnbildlichung seiner Werte, ja deren Verkörperung. Diese Rolle fiel Federico da Montefeltro, der nicht weniger Vergewisserung und Identität stiftende Part des schwarzen Schafs und Sündenbocks hingegen seinem Gegner Sigismondo Pandolfo Malatesta zu.

Als ab den 1480er Jahren die alten Protagonisten abtraten und eine neue Herrschergeneration auf die Bühne drängte, erwies sich das vielgliedrige Gefüge der italienischen Staaten als zu komplex, um zu überleben, nicht zuletzt deshalb, weil es auswärtigen Mächten zu viele (Schwach-)Punkte zum Eingreifen bot. Durch deren militärische Interventionen hatte sich schon in den ersten Jahren des 16. Jahrhunderts die Vielsträngigkeit dramatisch verringert. Oberhalb der alten Großmächte, von denen zwei, Mailand und Neapel, unter französische bzw. spanische Herrschaft gerieten und zwei weitere, Venedig und Florenz, schwer angeschlagen waren, agierten als rivalisierende Oberpatrone jetzt der spanische und der französische König. Zwischen diesen beiden hatten die mittleren und kleineren Staaten zu wählen – eine riskante Entscheidung. Nach 1530 aber war auch die Frage Frankreich oder Spanien endgültig beantwortet, hatte sich das ehemals so vielgliedrige System vollends vereinfacht. Auf Jahrzehnte hinaus galt nun nur noch eine Hauptregel: Wer politisch überleben will, hat sich mit der neuen Vormacht Spanien/Habsburg zu arrangieren.

3. Grundzüge italienischer Politik zwischen 1430 und 1560

Die fünf Vormächte

Das ältere, klientelär verzahnte Mächtegefüge setzte die Konsolidierung der Staaten Venedig, Mailand, Florenz, Rom und Neapel/Sizilien sowie deren Verzicht auf Einmischung in die inneren Angelegenheiten ihrer Konkurrenten voraus. Sie bildeten die sogenannte Pentokratie (Fünferherrschaft), deren Verfestigung nach innen und außen im zweiten Viertel des 15. Jahrhunderts entschieden voranschritt.

Für die zeitgenössischen Beobachter am wenigsten dem Kreislauf von Höhen und Tiefen unterworfen war die Republik Venedig, die von ihren inneren Spannungen wenig nach außen dringen ließ. Solche aber waren seit jeher reichlich vorhanden. 1355 wurde der Doge Marino Falier als Verschwörer gegen die Republik geköpft; 1457 erfolgte die Absetzung seines zehnten Nachfolgers, Francesco Foscari. Von Ausnahmen wie diesen abgesehen, wurden die Konflikte an der Lagune aber überwiegend in geregelteren Formen ausgetragen. Hauptstreitpunkt innerhalb des die Republik regierenden hauptstädtischen Adels war die Frage, ob die Serenissima sich zum Meer – und damit zu ihren Kolonien zwischen Dalmatien, Griechenland und Zypern – oder zum Land hin orientieren und ihren ursprünglich geringen italienischen Festlandbesitz, die *terraferma*, ausdehnen sollte. Dessen Erweiterung schritt seit dem Anschluss Veronas (1387) und Paduas (1405) voran, wurde aber weiterhin kontrovers diskutiert, bis unter dem langen Dogat Foscaris ab 1423 die Weichen endgültig in Richtung Italien gestellt wurden. Das hatte gravierende Folgen für die übrigen Mächte: Deren Politik blieb jetzt ein Menschenleben lang darauf gerichtet, die venezianische Expansion nach Ferrara und in die päpstliche Romagna, aber auch in apulische Küstenregionen hinein zu verhindern.

Als aggressivste und dynamischste Macht im Italien des 15. Jahrhunderts trat die Markusrepublik an die Stelle der mailändischen Herzöge aus dem Hause der Visconti, deren stark überdehntes Herrschaftsgebiet sich nach dem Tod Gian Galeazzos im September 1402 von den Rändern her aufzulösen drohte. Zwar konnte dieser Zerfall gestoppt und die Herrschaft der Dynastie über ein deutlich verkleinertes Territorium nochmals für mehr als vier Jahrzehnte gesichert werden, doch die strittige Erbfolge nach dem Tode Filippo Maria Viscontis im Jahre 1447 wurde zu einer ernsten Belastungsprobe für das italienische Staaten- und Bündnissystem. Nicht zuletzt die Fähigkeit, unliebsame Prätendenten von außen fernzuhalten, war jetzt gefordert. An solchen fehlte es nicht, hatten sich die Visconti doch in ihrer großen Zeit Ende des 14. Jahrhunderts mit europäischen Herrscherhäusern verschwägert; vor allem die Orléans, Seitenlinie der französischen Dynastie, und die seit kurzem in Neapel regierenden Aragonesen machten Ansprüche geltend. Doch die Ereignisse nahmen einen ganz anderen Verlauf. Im Endeffekt nämlich gab das Votum des Mailänder Adels den Ausschlag. Dieser hatte sich zuerst zur Ambrosianischen Republik zusammengeschlossen, allerdings in Ermangelung lebendiger freistaatlicher Traditionen ohne allzu großen Enthusiasmus, und dementsprechend nach ersten Erfahrungen mit der eigenen Zerstrittenheit schließlich 1450 akzeptable Übergabebedingungen mit dem im wahrsten Sinne des Wortes nächstliegenden Kandidaten, Francesco Sforza, ausgehandelt, der mit seinen Truppen vor der Stadt lagerte.

Nach mühsamer Behauptung seiner Herrschaft praktizierte der durch alle Wechselfälle hindurchgegangene und dabei abgeklärt, ja weise gewordene Ex-Söldnerführer in souveräner Erkenntnis seiner Grenzen und Abhängigkeiten bis zu seinem Tod 1466 eine exemplarische Ausgleichs- und Gleichgewichtspolitik. In seinen letzten Lebensjahren mit dem neuen französischen König Ludwig XI. (reg. 1461–1483) verbündet, konnte sich Sforza in Italien auf die instrumentale, auf gegenseitigen Nutzen gerichtete Freundschaft mit Cosimo de' Medici, dem mächtigsten Mann von Florenz, stützen. Als reichster Bankier Europas hatte dieser seit langem große Summen in den Aufstieg des *condottiere* investiert – mit der Übernahme des Herzogtums brach die Zeit der Rendite für die Medici an.

Cosimo nämlich war nicht nur erfolgreicher Geschäftsmann, sondern auch Haupt einer durch familiäre Bande, Verschwägerung und nie versiegende Geldmittel eng zusammengeschweißten «Partei». Diese Interessengruppe innerhalb der regierenden florentinischen Oberschicht war ab 1430 in schwere Machtkämpfe mit einer konkurrierenden Formation um die vornehmere, aber finanziell weniger potente Familie Albizzi verwickelt. Aus diesen seit 1433 dramatisch zugespitzten Konflikten ging Cosimo mit der charakteristischen Mischung aus Vorsicht, Klugheit und Glück im Herbst 1434 siegreich hervor, um danach die Republik Florenz in einer stillen Revolution grundlegend umbauen zu lassen. Führende Ämter besetzten nach einer ebenso einschneidenden wie unauffälligen Manipulation des damals üblichen Wahl-Los-Verfahrens nur noch vertrauenswürdige Klienten der Medici-Partei – zumindest so lange, wie das Patriziat gute Miene zu diesem Spiel machte. Regelmäßig – besonders heftig 1455 bis 1458 – aufflammende Opposition vom neuen System benachteiligter Kreise und ehrgeiziger Einzelner wurde mit mailändischer Truppenhilfe rasch und effizient unterdrückt: Wirtschaftlich äußerst verlustreich, amortisierte sich die mailändische Filiale der Medicibank politisch. Die über die «Systemgrenzen» Signorie-Republik hinweg geschlossene Allianz zwischen Mailand und Florenz – ein weiteres starkes Argument dafür, die Wortgefechte zwischen den Anhängern beider Staatsformen als hochgradig rhetorisch geprägt einzustufen – wurde zur tragenden Achse eines neuen Bündnissystems. Dieses bildete sich zwischen April 1454 und März 1455 aus dem ursprünglich nur zwischen Mailand und Venedig geschlossenen Frieden von Lodi in Form einer italienischen Liga heraus. Sie trug im Wesentlichen die Handschrift Sforzas, auch wenn ein anderer Herrscher, Papst Nikolaus V., sie feierlich zelebrierte.

Die Voraussetzung für ihren Abschluss war die Konsolidierung der Herrschaftsverhältnisse im Süden, im Kirchenstaat und im Königreich Sizilien. Denn hier hatten seit dem letzten

Viertel des 14. Jahrhunderts über weite Strecken Chaos und Anarchie vorgeherrscht, ausgelöst von der Spaltung der Kirche in zwei (ab 1409 sogar drei) Päpste und ihre jeweilige Gefolgschaft bzw. durch die andauernden Thronwirren und -streitigkeiten in Neapel. In beiden Monarchien stabilisierte sich die Situation nur langsam. Als einziger Papst, der von den europäischen Mächten anerkannt wurde, kehrte Martin V. (1417–1431) aus der römischen Hochadelsfamile Colonna 1420 nach Rom zurück und setzte sich dort allmählich gegen Barone, städtisches Patriziat und oppositionelle Kardinäle durch. Sein Nachfolger Eugen IV. (1431–1447) musste 1434 jedoch nochmals für neun Jahre aus seiner Hauptstadt fliehen. Die in dieser Zeit von seinem «Vertreter», Kardinal Giovanni Vitelleschi, gewaltsam vorangetriebene politische Flurbereinigung im Kirchenstaat ebnete ihm den Weg zur Rückkehr und leitete eine langfristige Festigung der römischen Machtverhältnisse zugunsten des Papsttums ein. Vor diesem Hintergrund konnte sich Nikolaus V. (1447–1455), von heimischen Problemen weniger stark behelligt als sein Vorgänger, dem italienischen Frieden widmen.

Kurz zuvor schon hatte sich die noch viel unübersichtlichere Lage im Süden definitiv geklärt. Hier hatten sich verschiedene Linien des seit 1266 in Neapel regierenden Königshauses Anjou, darunter eine aus Ungarn, erbittert bekämpft, und zwar unter tätiger Mithilfe des einheimischen Hochadels, der aus der Schwächung der Monarchie Stärkung bezog, und diverser Söldnerarmeen, u.a. des militärischen Familienunternehmens der Sforza. Von Königin Giovanna II. von Anjou als künftiger Thronfolger adoptiert (doch leider nicht als einziger), in zwei Jahrzehnten labyrinthisch verschlungener Nachfolgekämpfe mit weiteren Anjou-Prätendenten zeitweise gefangengenommen, setzte sich hier mit der Einnahme von Neapel und der päpstlichen Anerkennung in den Jahren 1442/43 König Alfonso V. von Aragon (1396–1458) endgültig durch. Obwohl er schon vorher über ein mächtiges mediterranes Imperium (Katalonien, Aragon, Valencia, Balearen und Sardinien) gebot, verlegte der neue König seinen Herrschaftsmittelpunkt in die Stadt am Vesuv, wo er sich unter Aufbietung aller propagandistischen

Künste zu «italianisieren» bemühte – mit einigem Erfolg. Sein Herrschaftsantritt bedeutete die (allerdings nur bis zur erneuten Teilung unter zwei Linien des Hauses im Jahr 1458 bestehende) «Wiedervereinigung» Neapels mit Sizilien, das 1282 von den Anjou abgefallen war und danach aragonesischen Königen unterstand, die sich ab der Mitte des 14. Jahrhunderts immer weniger gegen die führenden Adelsclans durchzusetzen vermocht hatten.

Konnte das politisch so reich gegliederte Italien einen Monarchen dieser Größenordnung verkraften? Zunächst sah es nicht so aus: Alfonsos politische Klienten wie Borso d'Este, Marchese von Ferrara, schmeichelten ihrem Patron als künftigem König Italiens, und in der Tat deutete am Anfang alles auf eine expansive Politik des neuen Herrschers hin. Dass die Feindschaft mit dem erfolgreichen Konkurrenten um Mailand, Francesco Sforza, schon wenige Jahre danach einem Dreierbund Mailand-Florenz-Neapel wich, ist wiederum in hohem Maße der unbeirrbaren Ausgleichspolitik des neuen Herzogs zu verdanken. Er nämlich war es, der, entgegen den Ratschlägen seines Freundes Cosimo de' Medici, Alfonsos Sohn Ferrante in seinen zeitweise aussichtslos erscheinenden Kämpfen mit René und Jean d'Anjou um die Nachfolge in Neapel die entscheidende Unterstützung zukommen ließ. 1465 saß Ferrante wieder fest im Sattel. Im März 1466 starb in Mailand der große alte Mann der italienischen Politik.

Der «Geist von Lodi»: Strategien der Konflikteindämmung

In gut einem Jahrzehnt schien sich der Wille zu einer Politik des möglichst gewaltarmen Interessenausgleichs gefestigt zu haben. Mit eigener Armee und eigenem Feldherrn (natürlich Federico da Montefeltro) ausgestattet, hatte die Liga zwar nicht alle akuten Gegensätze beheben können – der zwischen Neapel und dem chronisch unruhigen Genua musste sogar vom Bündnis ausgenommen werden –, doch immerhin das politische Klima stark verbessert. Der von Papst Pius II. Piccolomini (1458–1464) gegen seinen unbequemen Vikar Sigismondo Pandolfo Malatesta in Rimini geführte Feldzug erregte vor diesem Hintergrund nicht nur seiner schrillen Propagandatöne wegen, sondern auch durch seine auf Vernichtung des Gegners gerichtete Strategie Befremden; am Ende war es schließlich die Republik Venedig, die ihrem ungeliebten Klienten Malatesta 1463 ein Rumpfterritorium rettete.

Im Rückblick betrachtet, waren diese Kämpfe Vorspiele gravierenderer Konflikte. In ausgeprägtem Gegensatz zu allen späteren Idealisierungen brachte «Lodi» keinen vierzigjährigen Glücks- oder auch nur Friedenszustand, sondern lediglich eine sehr relative Entspannung. Diese beruhte in hohem Maße auf politischem Vertrauensvorschuss, war also stark auf persönliche Beziehungen der Mächtigen untereinander gegründet. So aber verhieß das biologisch bedingte Ende der instrumentalen (nach dem Zeugnis ihrer Briefe zusätzlich wohl auch von persönlicher Wertschätzung getragenen) Altmännerfreundschaft zwischen Francesco Sforza und Cosimo de' Medici, der 1464 starb, nichts Gutes. Zwar lieferte Francescos charakterlich unsteter Sohn und Nachfolger Galeazzo Maria den Medici in der 1466 kumulierenden, existenzbedrohenden Nachfolgekrise wie gewohnt die entscheidende militärische Hilfe, doch wurden sein außenpolitisches Irrlichtern und sein hochfahrendes persönliches Gehabe schnell zu einem Faktor innerer und äußerer Entfremdung. Seine spektakuläre Ermordung beim Kirchgang des Stephanstages 1476 stellt sich somit als ein nachgerade vorhersehbares Ereignis dar.

Galeazzo Marias sprunghafte Diplomatie hatte Vertrauenskapital zerstört – mit der Folge, dass sich das erhöhte Sicherheitsbedürfnis der verschiedenen Staaten in Einzelallianzen niederschlug. Der 1474, drei Jahre nach einem neapolitanisch-venezianischen Bündnis ausgehandelte Dreierpakt zwischen Mailand, Florenz und Venedig isolierte in gefährlicher Weise wiederum das Neapel Ferrantes. Spätere Krisenherde und Einfallstore fremder Mächte zeichneten sich ab; und auch an ominösen Hilferufen an den französischen König fehlte es schon in dieser Zeit nicht. Doch wartete die «Große Spinne», wie der gekrönte französische Meisterdiplomat schon von Zeitgenossen genannt wurde, ab und beschränkte sich auf den Ausbau seines immer feiner gesponnenen Beziehungsnetzes zu den italienischen Mächten, zwischen bzw. über denen er immer mehr als eine Art Oberschiedsrichter fungierte – entgegen den Legenden von einer italienischen *splendid isolation* im Zeichen von Lodi. Doch auch in Italien behielten noch die Mächte der Mäßigung, vertreten durch die Gonzaga in Mantua, die Este in Ferrara und vor allem Lorenzo de' Medici in Florenz, die Oberhand.

Nach Überzeugung des großen Florentiner Patrizierhistorikers Francesco Guicciardini (1483–1540) wäre das auch so geblieben, wenn nicht das Papsttum von einem Faktor des Ausgleichs zu einem Herd der Unruhe geworden wäre – eine emotional hochbefrachtete Schuldzuweisung, die gleichwohl in manchem einer nüchternen Nachprüfung standhält. Dieser für fromme Zeitgenossen bestürzende Wandel zeichnete sich schon im Pontifikat Pius' II. Piccolomini (1458–1464) ab. Als Machtpolitiker reinsten Wassers verschaffte der meist nur durch seine herausragenden Leistungen als Humanist und durch sein – vergebliches – Bemühen um einen Kreuzzug bekannte Papst aus altadeliger Sippe Sienas seinen vielen Verwandten einen Platz unter den führenden Familien Italiens; diesem persönlichen und dynastischen Selbstverständnis verlieh die Neugründung seines Geburtsdorfes Corsignano als Pienza, Pius-Stadt, mit Kathedrale, Bischofs- und Familienpalast zwischen 1459 und 1463 beredten Ausdruck. Der von Pius eingeleitete Großnepotismus erfuhr im übernächsten Pontifikat einen weiteren Entwicklungsschub. Der aus bescheidenen Verhältnissen der ligurischen Stadt Savona stammende Papst Sixtus IV. della Rovere (1471–1484) überschritt durch die Ernennung von sechs Nepoten zu Kardinälen alle geltenden Normen eklatant und betrieb die Errichtung eines eigenen Nepotenstaates in der Romagna.

Die Umsetzung dieser hochfliegenden Pläne zeigt modellhaft, wie sich äußere und innere Krisen im Italien der Renaissance verschränken. Dem Erwerb der Stadt Imola nebst Umland für den Nepoten Girolamo Riario nämlich widersetzte sich Lorenzo de' Medici, der damit florentinische Staatsinteressen verteidigte; diese wiederum kollidierten mit seinem «privaten»

Amt eines päpstlichen Generaldepositars, als welcher er dem Heiligen Vater die Konten führte. Verletzt wurde in diesem Konflikt der «Geist von Lodi» gleich mehrfach. So bot Sixtus den von der Vorherrschaft der Medici geschädigten Verschwörern aus den Familien Pazzi und Salviati seine logistische Unterstützung beim geplanten Anschlag auf die Brüder Lorenzo und Giuliano de' Medici an, der am 26. April 1478 ausgerechnet während der Messe im Florentiner Dom stattfinden sollte. Nach dem halben Fehlschlag des Attentats, dem Giuliano zum Opfer fiel, Lorenzo aber leicht verletzt entrinnen konnte, kam es in Florenz zu blutiger, von den Medici angefachter Lynchjustiz. Diese wiederum eskalierte zum Krieg zwischen Rom und Neapel auf der einen, Florenz auf der anderen Seite. Gelöst wurde die Krise schließlich durch spektakuläre persönliche Reisediplomatie, nämlich durch die Fahrt Lorenzos de' Medici nach Neapel, wo er im März 1480 König Ferrante ohne allzu große Mühe aus dem Bündnis mit dem Papst herauszulösen und damit den Frieden einzuleiten vermochte. Ein weiteres nepotistisches Großprojekt, der Versuch, Girolamo Riario zum König von Neapel zu erheben, sowie Unstimmigkeiten mit Ercole d'Este, dem Herzog von Ferrara, trieben Sixtus IV. kurz darauf zu einer aller politischen Vernunftregeln spottenden Allianz mit Venedig, das auf das Herzogtum der Este seit langem begehrliche Blicke warf. Das Gegenbündnis von Mailand, Florenz und Neapel konnte die venezianischen Truppen, die 1482 bereits die Vorstädte von Ferrara verwüsteten, in letzter Minute zurückdrängen und damit den Sturz der ältesten Herrscherdynastie Italiens verhindern.

Als Zentrum italienischer Ausgleichspolitik profilierte sich in der Folgezeit immer mehr Florenz, wo Lorenzo de' Medici nach anfänglichen Unstimmigkeiten den neuen Papst Innozenz VIII. Cibo (1484–1492) ebenso unkonventionell wie wirkungsvoll – nämlich durch die Heirat des Papstsohnes Franceschetto Cibo mit seiner Tochter Maddalena – an seine Interessen zu binden vermochte, natürlich nicht ohne Vorteile für sein eigenes Haus. 1488 wurde seinem dreizehnjährigen Zweitgeborenen Giovanni ein Kardinalat reserviert, das für die Geschichte der Medici wie Europas noch folgenreich werden sollte. Meisterhafter Mythenbildner in eigener Sache, handelte Lorenzo nicht, wie sein kunstvoll inszeniertes Image allenthalben verkündet, als ebenso autonomer wie souveräner Oberdiplomat Italiens, sondern eher als ein rastlos getriebener Krisenmanager. Ab den 1490er Jahren aber stieß selbst dieser Aktionismus an Grenzen. Die politischen Löcher, die sich immer weniger stopfen ließen, klafften in Neapel und in Mailand.

1485/86 verschworen sich führende Barone des Königreichs Neapel gegen ihren ungeliebten Oberherrn Ferrante, der das Komplott mit drakonischer Härte unterdrückte und dadurch die Stellung der nie allzu fest verwurzelten aragonesischen Dynastie weiter untergrub. Auflösungserscheinungen zeigten sich auch in Mailand – bezeichnenderweise ebenfalls an einem Ort ohne altetablierte Herrscherfamilie. Zudem lagen offizielle und tatsächliche Macht hier bis 1494 nicht in derselben Hand. Denn hinter dem Rücken seines jungen herzoglichen Neffen Gian Galeazzo Sforza (1469–1494) zog *de facto* Ludovico, genannt il Moro (1451–1508, Herzog ab 1494), die Fäden, und zwar ziemlich undurchsichtige. Ehrgeizig und zugleich von zweifelhafter Legitimität, hatte er wenig zu verlieren und viel zu gewinnen – denkbar ungünstige Voraussetzungen für italienische Friedenspolitik. Speziell die Beziehungen zu Ferrante verschlechterten sich rapide. Ab 1492 spielte Ludovico, gemessen an den Regeln von Lodi, alles oder nichts, versuchte er doch, den mit ihm verbündeten französischen König Karl VIII. zur Rückgewinnung des Anjou-Erbes in Neapel zu überreden. Der dadurch akut bedrohte Ferrante knüpfte die Bande zu Florenz enger und näherte sich dem Papst an. So spannungsgeladen die allgemeine Lage auch war, außer Kontrolle geriet sie erst nach dem Tode der Protagonisten in Florenz und Rom im April bzw. Juli 1492.

Lorenzos Sohn Piero de' Medici verspielte binnen kurzem das hohe persönliche Prestige des Vaters, verprellte weite Kreise der florentinischen Oberschicht und flüchtete sich dementsprechend in – dilettantisch betriebene – riskante Außenpolitik. Am Tiber schließlich wurde mit der Wahl Alexanders VI. Borgia,

Neffe Kalixtus' III., im August 1492 der auf Errichtung eigener Familienfürstentümer gerichtete territoriale Nepotismus nochmals enorm gesteigert. Mit seinen vielen legalisierten leiblichen Nachkommen und dem Kauf des Pontifikats fiel dieser in Spanien geborene, in seinem Rollenverständnis jedoch ganz und gar italianisierte Papst doch weniger aus dem Rahmen des Zeitüblichen heraus, als die schwarze Borgia-Legende bis heute so wirkungsvoll verkündet. Kurtisanenballett im Papstpalast, Inzest mit seiner Tochter Lucrezia, Kardinalsvergiftungen am laufenden Band – all das darf getrost in den Bereich der Mythenbildung verwiesen werden. Ein überaus skrupelloser Machtpolitiker im Interesse seiner Familie aber war Alexander VI. allemal – entsprechend zahlreich die Feinde der Borgia. Die einflussreichsten von ihnen forderten am Hof Karls VIII. seine Absetzung durch ein Konzil.

Zwischen Frankreich und Spanien

Im Klima wachsenden Misstrauens schlug 1493/94 die Stunde der Diplomaten mit zahlreichen Manövern und Intrigen vor und hinter den Kulissen. Die Lage spitzte sich weiter zu, als König Ferrante im Januar 1494 starb und ihm mit Alfonso II. von Aragon ein König nachfolgte, der als ebenso kriegserprobt wie durchsetzungsfähig bekannt und den Baronen daher ein Dorn im Auge war. Außer Venedig, das neutral abseits stand, hatte jetzt keine italienische Großmacht mehr ein Interesse an der Aufrechterhaltung des Status quo. Entsprechend mühelos verlief zunächst der Feldzug Karls VIII., der nach nervenaufreibenden Verzögerungen sein Heer im Spätsommer 1494 endlich Richtung Italien marschieren ließ. Im November 1494 bezahlte Piero de' Medici seine kopflose Politik der Anbiederung an Frankreich in letzter Minute mit der Vertreibung aus Florenz. Geschickter stellte es Alexander VI. an, der den ursprünglich mit seiner Absetzung liebäugelnden Monarchen für sich einzunehmen verstand. Das Ziel der ganzen Unternehmung, die Einnahme Neapels und die Krönung Karls VIII. zum König, wurde kurz danach auffallend leicht erreicht.

Doch seine Herrlichkeit verging schnell. Die verbliebenen italienischen Großmächte nämlich fanden sich gewissermaßen fünf nach zwölf doch noch zu einer «patriotischen», antifranzösischen großen Koalition zusammen, allerdings ohne Florenz. Dort hatte sich nach der Exilierung des Hauptzweiges der Medici eine neue Republik herausgebildet, die sich auf die alte Elite und eine breite Mittelschicht stützte und stark von den endzeitlichen Bußpredigten des Dominikanerpriors Savonarola beeinflusst wurde.

Im Juli 1495 traf das zurückmarschierende französische Heer bei Fornovo auf die Armee der Liga. Deren Feldherr Francesco II. Gonzaga erklärte sich nach für beide Seiten verlustreichem Gefecht zum Sieger und begründete damit einen jahrzehntelangen Ruhmeskult in eigener Sache. Zu Unrecht, wie die Militärhistoriker heute sagen. Auch wenn sie im Nachhinein eher die Franzosen als Gewinner der Schlacht sehen: diese zogen aus Italien ab. Fast schien es, als sei nichts gewesen. Ebenso rasch, wie sie stürzte, wurde die Herrschaft der Aragonesen im Süden wiederhergestellt. Die Mühelosigkeit der Restauration aber zeigte den schärfer blickenden Zeitgenossen an, wie austauschbar dort die oberste Machtebene geworden war. Der vierte und letzte aragonesische König in nur gut zwei Jahren, Federico, wurde 1496 gekrönt und wenige Jahre später mit einer Pension in den Ruhestand geschickt.

Und doch hatte sich die Lage grundlegend verändert. Eine Hemmschwelle war überschritten und eine gefährliche Illusion geboren: dass sich die fremden Herrscher als nützliche Gehilfen für die eigenen Zwecke einspannen und gegebenenfalls wieder wegschicken ließen. Diese aber hatten naturgemäß andere Vorstellungen. Der neue französische König Ludwig XII. aus dem Haus Orléans zog 1499 nach Italien, um das seinem Geschlecht 1450 vorenthaltene Erbe Mailand an sich zu bringen. In der Stunde der Not machte Ludovico Sforza, seit dem (wahrscheinlich durch Gift herbeigeführten) Tod seines Neffen 1494 als Herzog am Ziel seiner Wünsche, dieselbe Erfahrung wie zuvor die Aragonesen im Süden: Die Mailänder Oberschicht sah interessiert, aber weitgehend tatenlos seiner Vertreibung, Rückkehr und endgültigen Deportation in ein französisches Gefängnis zu, wo er 1508, bereits weitgehend vergessen, starb.

Durch die gemeinsame Gegnerschaft zu den Sforza schmiedete sich das Bündnis zwischen Ludwig XII. und Alexander VI. fast von selbst. Die großen römischen Baronalfamilien Colonna und Orsini konnten die Borgia nach anfänglichen Misserfolgen noch aus eigener Kraft enteignen; bei ihren kühneren Plänen, die auf die Errichtung eines Fürstentums Romagna abzielten, aber brauchten sie französische Waffenhilfe. Mit dieser führte der Papstsohn Cesare Borgia seinen berühmten (von Machiavelli in seinem Buch vom Fürsten verewigten) Feldzug gegen die romagnolischen Stadtherren, der teilweise einer Ausrottungskampagne gleichkam. Nach dem Tode Alexanders VI. im August 1503 aber hieß es: wie gewonnen, so zerronnen. Die Interessen des Papsttums als Institution standen einem erblichen Borgiaterritorium auf Kirchenstaatsgebiet unüberwindlich entgegen.

Blieb die Eroberung der Romagna eine spannende Episode, so entschied sich das politische Schicksal Süditaliens um dieselbe Zeit für zwei Jahrhunderte. Im Kampf der gleichermaßen auf ihr Erbe pochenden Großmächte Frankreich und Spanien setzte sich die Feldherrnkunst des spanischen Großkapitäns Gonzalo Fernandez de Cordoba in der Entscheidungsschlacht am Garigliano Ende 1503 durch. In der Folgezeit gelegentlich aufflackernde profranzösische Aufstände hatten nur noch Umgruppierungen innerhalb der hohen Aristokratie zur Folge, besonders ausgeprägt 1528. Um die Mitte des 16. Jahrhunderts aber war die Machtverteilung zwischen den spanischen Vizekönigen in Neapel bzw. Palermo und den großen Feudalfamilien geregelt, und zwar in einer Art und Weise, die beide Seiten langfristig zufriedenstellte: Die Barone erhielten weitgehend unumschränkte Herrschaft in ihren Lehen und schuldeten Spanien dafür Loyalität.

Austragungsort der französisch-spanischen Hegemoniekämpfe wurde stattdessen die Lombardei. Hier kam es zwischen 1512 und 1515 zu einer originellen Erweiterung des Mächtediagramms. Unversehens nämlich traten die Schweizer, genauer:

regierende Stände (Kantone) der Eidgenossenschaft auf den Plan, und zwar nicht mehr in (hochbezahlten) Solddiensten, sondern in eigener Sache. Wie es Machiavelli im Briefwechsel mit seinem Freund Francesco Vettori um dieselbe Zeit sinngemäß sagt: Der Appetit kommt beim Essen. Im Juni 1513 siegten die Schweizer bei Novara in offener Feldschlacht gegen die Franzosen und übernahmen kurzerhand die Herrschaft in Mailand; der nominell regierende Herzog Massimiliano Sforza war wenig mehr als eine Galionsfigur. Die Mailänder Oberschicht wartete weiterhin ab und zog ihre Schlüsse – positive. Das wilde Bergvolk stellte sich als zivilisiert heraus; nie sah man die Straßen Mailands so sauber. Das Patriziat erwog ernsthaft ein Beitrittsgesuch als vierzehnter Kanton. Doch dazu kam es nicht; langfristig waren die Ressourcen der neuen Herren zu klein und ihre inneren Unstimmigkeiten zu groß. Nach dem zweitägigen Gemetzel bei Marignano im September 1515, wo die französische Artillerie die unverdrossen anrennende eidgenössische Phalanx zusammenkartätschte, waren die Großmachtträume ausgeträumt und die Franzosen am Zuge – für die nächsten sechs Jahre. 1521 hatten die Spanier wieder die Oberhand, die Massimilianos Bruder Francesco Sforza einsetzten, auch er ein Schattenherzog. 1524 von den Franzosen vertrieben, durfte er nach dem Sieg Karls V. über Franz I. bei Pavia im Februar 1525 zurückkehren und weitere zehn Jahre lang seinen Namen unter spanische Beschlüsse setzen. Nach dem Aussterben der Sforza im Jahre 1535 fiel Mailand als erledigtes Lehen an das Reich und wurde danach an Karls Sohn Philipp verliehen. Wenngleich die französischen Ansprüche erst im Frieden von Cateau-Cambrésis 1559 endgültig aufgegeben wurden, waren auch in der Lombardei die Würfel ab 1525 zugunsten Spaniens gefallen.

Dass die Tage eigener Großmachtpolitik unwiderruflich vorbei waren, musste auch die Republik Venedig erkennen, die mit den fremden Invasionen bislang gut gefahren war. Fast wie aus dem Nichts fand sich 1508 eine europäische Allianz um Frankreich, den Kaiser und den Papst gegen die Markusrepublik zusammen, deren Expansion und arrogantes Auftreten die europäischen Großmonarchien nicht länger dulden mochten. Ihr

Heer rückte nach dem leichten Sieg bei Agnadello, wo Francesco II. Gonzaga im Mai 1509 seinen künstlich erworbenen Feldherrnruhm einbüßte, unaufhaltsam bis an den Rand der Lagune vor. Weiter kam es allerdings nicht. Die erhofften inneren Unruhen in der amphibischen Stadt blieben aus, im Gegensatz zur *terraferma*, wo große Teile der lokalen Eliten mit fliegenden Fahnen zum Feind überliefen. Anreiz dazu war auch hier die Hoffnung, durch einen Austausch der obersten Herrschaftsebene mehr örtliche Autonomie zurückzugewinnen. Für die regierenden Kreise im Dogenpalast war der Abfall ihrer milde regierten italienischen Untertanen ein Schock, der lange nachhallte, selbst nachdem bis 1517 die meisten verlorenen Gebiete durch geschickte Diplomatie zurückgewonnen worden waren. Die Folge aber war keine Politik der harten Hand, sondern, im Gegenteil, ein weiterer Ausbau klientelärer und kommunikativer Beziehungen zwischen Venedig und den Oberschichten der großen *terraferma*-Städte Verona, Padua, Vicenza und Bergamo.

Auch den übrigen Großmächten blieben im Zeichen der neuen Machtverhältnisse schmerzhafte Lernprozesse nicht erspart. Im Spätsommer 1512 stürzte die florentinische Republik weitgehend widerstandslos beim Herannahen eines spanischen Heeres, das Papst Julius II., der Neffe Sixtus' IV., Richtung Arno dirigiert hatte. Die guten Beziehungen des an der Kurie allseits beliebten Kardinals Giovanni de' Medici zum zweiten Della-Rovere-Papst zahlten sich damit aus. Fünfzehn Jahre lang regierten die in ihre Heimat zurückgeführten Medici jetzt Florenz in republikanischen Formen, aber mit immer fürstlicherem Gebaren und entsprechend schwindendem Anklang bei der Oberschicht. Ihr waren vor allem die in Medici-Diensten emporgekommenen neuen Männer, die jetzt das Sagen hatten, gründlich verhasst.

Zudem sah sich die stolze Stadt am Arno in unerträglicher Weise gegenüber dem verachteten Rom zurückgesetzt. Dort herrschten jetzt, nur vom kurzen Pontifikat des Niederländers Hadrian VI. (1521–1523) unterbrochen, zwei Jahrzehnte lang zwei Medici als Päpste (1513–1534). Entgegen seinem bis heute vorherrschenden Image als jovialer Kunstmäzen und -genießer war der erste von ihnen, Giovanni de' Medici, der 1513 im sensationell jugendlichen Alter von siebenunddreißig Jahren als Leo X. den Stuhl Petri bestieg, ein kühl kalkulierender Machtpolitiker. Die Strategien des Hauses Medici wie die des Papsttums als Institution fielen insofern zusammen, als für beide ein dritter Weg, der zu enge Abhängigkeit von Frankreich wie von Spanien gleichermaßen vermied, dringend wünschenswert erschien. Ihn einzuschlagen hatte sich schon Julius II. unter der hochtönenden Parole «Italien den Italienern» bemüht, als er mit Hilfe der Schweizer die Franzosen aus der Lombardei zurückzudrängen versuchte – was letztlich, wie gesehen, den Eidgenossen selbst und den Spaniern zugutekam. Dementsprechend bemühte sich Leo X. mit allen Mitteln, 1519 die Wahl des spanischen Königs Karl zum Römischen König und damit zum designierten Kaiser zu verhindern – vergeblich. Auch sein Bestreben, den in Italien immer noch territorienlosen Medici ein eigenes unabhängiges Fürstentum – wohlgemerkt außerhalb des chronisch instabilen Florenz – zu verschaffen, schlug langfristig fehl. Zwar gelang es ihm 1519, die Della Rovere, durch Adoption Erben der Montefeltro, aus ihrem Herzogtum Urbino zu vertreiben, doch kehrten die rechtmäßigen Herrscher nach dem Pontifikatsende 1521 zur allgemeinen Genugtuung in ihre Hauptstadt zurück.

Im Gegensatz zu seinem leichtlebigen Vetter Giovanni grüblerisch-introvertiert und, wie sein informeller Außenminister Francesco Guicciardini in einer beklemmend eindrucksvollen Charakterstudie festhielt, chronisch entscheidungsschwach, setzte der zweite Medici-Papst Clemens VII. (1523–1534) im Hegemoniekrieg zwischen Frankreich und Spanien 1526 auf die gegen Karl V. gerichtete Koalition und bezahlte diesen Fehler 1527 mit der großen Plünderung Roms und der erneuten Vertreibung der Medici aus Florenz. Beides ließ sich, etwas zynisch ausgedrückt, binnen Kurzem reparieren. Die Bestialität, mit der die überwiegend deutschen und spanischen Söldner ab Mai 1527 die Ewige Stadt verwüsteten, mordeten, Geiseln nahmen und Bücher verbrannten, erregte das Entsetzen der Intellektuellen, deren Wehklagen über das Zerstörungswerk der Barbaren sich bis zur Totenklage über ein gemeucheltes Zeitalter des Kulturfrühlings steigerten. Bei nüchterner Betrachtung aber war der Sacco di Roma kein historischer Einschnitt – nicht für die päpstliche Politik, nicht einmal für die demographische Entwicklung des gequälten Rom, das schon ein Menschenalter danach seine Bevölkerung auf etwa einhunderttausend Einwohner verdoppelt hatte. Und noch viel weniger markierte das makabre Ereignis, wie gelegentlich zu lesen, das «Ende der Renaissance».

Sehr wohl aber bezeichnete das Jahr 1527 den Beginn des politischen Übergewichts Spaniens in Italien. Dagegen vermochte sich auch das in Florenz an die Macht gekommene republikanische Mittelstandsregime nicht zu behaupten, das im Geiste des 1498 verbrannten Propheten Savonarola die Königsherrschaft Christi auf Erden verkündete und gegen Abweichler in den Reihen der alten Oberschicht mit aller Härte vorging. Sein Sturz durch ein spanisches Heer beseitigte im August 1530 den letzten Fremdkörper in der italienischen Staatenwelt.

Ab 1537 regierte am Arno mit Cosimo I. (1519–1574), zweiter Herzog von Florenz und ab 1569 erster Großherzog von Toskana, der tatkräftigste und erfolgreichste Herrscher Italiens im 16. Jahrhundert. Seine Politik führte modellhaft Fixpunkte und Spielräume im neu ausgestalteten Kräftediagramm Italiens vor. Durch unwandelbare Bündnistreue gegenüber Spanien und enge Anlehnung an Rom und das Papsttum gelang es dem Begründer des Medici-Prinzipats, die anfänglich bedrohte Eigenständigkeit seines Territoriums zu sichern, ja seinen Staat zu einer in Europa geachteten Macht zu erheben. Und auch im Inneren wurden die Weichen auf Dauer gestellt – nicht in Richtung auf einen ominösen «Absolutismus», sondern auf eine sorgfältig ausbalancierte neue Ordnung. Innerhalb dieses auf Dauer stabilisierten Gefüges wurde dem Herrscher die Ebene der großen Politik – Entscheidungen über Krieg und Frieden, die Auswahl der führenden Amtsträger und dazu Propaganda-Hegemonie im Rahmen des Hofes –, den großen alten Familien von Florenz aber das Monopol auf die Führungspositionen, auf soziale Exklusivität und Dominanz gegenüber den mittleren und unteren Schichten übertragen.

In der sich jetzt für lange Zeit verfestigenden staatlichen Ordnung war kaum noch Platz für Neuankömmlinge. Nur den Farnese, Nepoten Papst Pauls III. (1534–1549), gelang noch, gewissermaßen in letzter Minute, die von so vielen Papstverwandten meist vergeblich angestrebte Staatengründung auf Dauer – allerdings um einen hohen Preis. 1545 gegen den Willen Karls V. zum Herzog von Parma und Piacenza erhoben, fiel Pier Luigi Farnese schon zwei Jahre später einem Attentat zum Opfer, mit Wissen des Kaisers. Dennoch vermochte sich die Dynastie Farnese nach schweren Kämpfen bis zum Aussterben im Mannesstamm 1731 als italienische Mittelmacht zu behaupten. Auch an den Rändern rundete sich das neue Italien im Zeichen der Pax Hispanica. Nach nahezu ununterbrochenen inneren Unruhen und Umstürzen in den letzten zweieinhalb Jahrhunderten erlebte die Republik Genua ihr ureigenes Stabilisierungswunder. Ab 1528 nämlich schweißte Andrea Doria, Admiral an der Seite Karls V. und allmächtiger Gesetzgeber im Inneren, die chronisch zerstrittenen Clans der Republik zu einer einheitlichen Trägerschicht der neuformierten Republik zusammen. Als letztes Gebiet von Belang fügte sich Piemont nahtlos in die neue Ordnung ein. Nach inneren und äußeren Auflösungserscheinungen seit dem Ende des 15. Jahrhunderts erstand das savoyische Territorium ab 1557/59 unter dem eng an Spanien angelehnten Herzog Emanuele Filiberto neu. 1564 erhielt die locker verfugte Gebietsagglomeration zwischen Chambéry, Nizza und Aosta mit Turin eine wirkliche Hauptstadt und damit langfristig ausbaufähige innere Strukturen. Der letzte, bezeichnenderweise von einem nepotistischen Papst aus Neapel, Paul IV. Carafa (1555–1559), unternommene, rasch scheiternde Versuch, die spanische Vorherrschaft in Italien zu stürzen, war wenig mehr als ein Epilog auf ein zu Ende gehendes Zeitalter.

Ergebnisse und Ende einer Epoche

Musste es so kommen? Oder, mit Francesco Guicciardini gefragt: Musste es so weit kommen, dass fremde Mächte über die Geschicke eines Italien entschieden, das seiner Selbstbestimmung und seiner Freiheit verlustig geht? Seine Antwort: nein. Wenn sich die Mächtigen Italiens auch nach 1490 größere Selbstbeschränkung bei der Verfolgung eigennütziger Ziele auferlegt hätten, dann wäre das Land nicht von der ragenden Höhe des militärischen, kulturellen, politischen und wirtschaftlichen Glückszustandes des Jahres 1490 in den Abgrund seiner Geschichte gestürzt. Bis in unsere Tage speziell von nationalgesinnten Historikern in der Tradition des Risorgimento, der nationalen Einigungszeit im 19. Jahrhundert, gerne nachgeschrieben, ist die Erklärung des scharfsinnigsten Historikers der Renaissance zugleich ernst zu nehmen und einzuschränken. So stark die politische Entwicklung hin zu den französischen Interventionen ab 1494 von personalen Faktoren bestimmt war, so unvermeidlich stellte sie sich im Großen dar. Frankreich und Spanien hatten am Ende des 15. Jahrhunderts innere Konsolidierungsprozesse durchlaufen, die die Macht der Krone stärkten und damit die Einforderung seit langem bestehender Erbansprüche ermöglichten. Die innere Auflösung des – ohnehin immer sehr fragilen – Systems von Lodi hatte diesen Prozess nur beschleunigt. Und zudem war das Italien des Jahres 1559, unter das der Frieden von Cateau-Cambrésis sein für lange Zeit gültiges Siegel setzte, kein von Fremdherrschaft versklavtes, kein staatlich verarmtes und erst recht kein kulturell unterjochtes Land. Gewiss, Neapel, Sizilien und das Herzogtum Mailand unterstanden jetzt einem fremden Monarchen. Doch blieben unterhalb der spanischen Herrschaftsstellvertreter die einheimischen Eliten in allen Schlüsselpositionen von Verwaltung und Rechtsprechung unter sich. Mehr noch, ihnen wurde kein neuer Lebensstil aufgezwungen: Dass der unbarmherzige spanische Steuerdruck in den italienischen «Kolonien» zusammen mit spanischem Adelsstolz die italienischen Oberschichten zum Rückzug aus ihren jahrhundertelang gepflegten wirtschaftlichen Tätigkeitsfeldern Handel, Bank und Textilherstellung zwang, ist längst als Mythos entlarvt. Im Gegenteil: Der von Spanien garantierte Friede trieb nach 1530 die Konjunktur kräftig an und die Produktionsziffern nochmals für Jahrzehnte nach oben.

Allenthalben saßen nun die Eliten, deren Kern sich schon zu

Beginn des 15. Jahrhunderts ziemlich klar herausgebildet hatte, fest im Sattel; wer jetzt noch in sie aufsteigen wollte, musste meist lange warten und in jedem Fall das Nadelöhr rigoroser Kooptation, das heißt Selbstergänzung, durch die bereits etablierten Familien passieren. Und auch die Staatenlandschaft wies Stabilität, aber beileibe keine erzwungene Gleichförmigkeit auf. Die mittleren Mächte von der Größenordnung Mantuas, Ferraras oder Urbinos überlebten die politisch-militärischen Erschütterungen zwischen 1494 und 1527 weitgehend unbeschadet oder, wie im Falle der Gonzaga, doch nur leicht dezimiert. Selbst die Herren von Kleinstterritorien durften jetzt, nachdem sich der Sturm verzogen hatte, wieder mutig ihr Haupt erheben. Vermieden sie den fatalen Irrtum der Pio da Carpi, die als Inhaber eines Reichslehens auf Frankreich statt auf den Kaiser setzten und dadurch 1525 ihre Herrschaft verloren, so fanden sie im neuen Italien durchaus ihren bescheidenen, aber gesicherten Platz. Garant dafür war im Italien Karls V. nicht primär die politische oder militärische Selbstbehauptungskraft, sondern stärker denn je ein sehr traditionelles Kriterium: altverbriefte Legitimation. Das galt selbst für die Vasallen und Vikare des Papstes, sofern sie den Attacken Cesare Borgias entrinnen konnten – etwa für die Herzöge von Urbino, die bis zu ihrem biologischen Erlöschen im Jahre 1631 weiter herrschen durften, allerdings immer weniger beachtet in ihrem ebenso abgelegenen wie armen Gebirgsterritorium. Ein neuer Federico da Montefeltro, dem es gelang, der kleinen Stadt am Abhang des Apennins durch seine Honorare als *condottiere* für zwei Jahrzehnte den Atem eines Weltkulturzentrums einzuhauchen, trat nicht mehr auf den Plan. Für Gestalten wie ihn bot Italien nach der Renaissance keinen Raum mehr.

Ab etwa 1560 nämlich traten die Elemente eines Epochenwandels, die Züge eines neuen Zeitalters immer deutlicher hervor. Dieses wurde in steigendem Maße von Rechtgläubigkeitsregeln, vom Vorrang der Konfession bestimmt. Der Wandel vollzog sich in ganz Europa, ob in katholischen, lutherischen oder calvinistischen Gebieten. Vieles spricht dafür, dass dieses Konfessionelle Zeitalter in Italien, was die Einschärfung und

Durchsetzung religiöser Orthodoxie und die damit aufs Engste verknüpften Prozesse sozialer Disziplinierung betrifft, eine relativ abgeschwächte Ausprägung erfuhr: Wiederum standen zäh behauptete lokale Autonomien, aber auch Kernelemente humanistischer Kultur, etwa das Streben nach individueller Selbstausbildung, dazu korporative Freiräume auf allen Ebenen, aber auch die Widerständigkeit volkstümlicher Kultur und Lebenswelt einer uneingeschränkten Hegemonie der Konfession unübersteigbar entgegen.

4. Staaten und Eliten

Die Signorie: Geschichte und Gestalt

Monarchien und städtische Gemeinwesen gibt es überall in Europa, Signorien nur in Italien. Und zwar, formaljuristisch betrachtet, ab 1264. In diesem Jahr nämlich übertrug die Kommune Ferrara in einer feierlich inszenierten Volksversammlung Obizzo II. d'Este die unumschränkte Herrschaft über die Stadt. Die Zeremonie sollte unter Beweis stellen, dass die Einsetzung des Stadtherrn aus dem ureigenen Willen der Bürger heraus geschah. Auch wenn ein solches «Parlament» vom langen Arm des neuen Machthabers arrangiert und insofern alles andere als freiwillig war, ist der dahinterstehende legitimatorische Gestus ernst zu nehmen. Er bezeichnete, wie erwähnt, die Verwandlung der Stadtrepublik in eine adäquatere, da Frieden gewährleistende Form, verpflichtete den Herrscher aber gerade dadurch zur Bewahrung von Geist und Zweck der Kommune. So war es nur konsequent, dass die alten kommunalen Strukturen unter der Signorie fortlebten, allerdings auf kleiner Flamme, auf administrative Routineaufgaben beschränkt. Doch war die Rückgewinnung ihrer vollen Kompetenzen nicht ausgeschlossen. Zum Beispiel, wenn sich der *signore* desavouiert hatte oder die regierende Dynastie ausgestorben war. Signorien wurden auch dann keine «normalen» fürstlichen Herrschaften, wenn wie im Falle der Gonzaga in Mantua oder der Visconti in Mailand vom Reich Marchese- oder Herzogtitel erworben wurden. Zudem waren sie stärker als andere politische Systeme an ihren Ursprungsort gebunden. Mögen die Visconti, die erfolgreichsten aller *signori*, noch so viele weitere Metropolen und regionale Zentren hinzugewonnen haben, so war deren Status innerhalb des Herrschaftsverbundes doch nie dem Mailands vergleichbar – die alte Hauptstadt behielt ihren realen und symbolischen Vorrang nebst entsprechenden Privilegien auf Dauer. Und zwar aus gutem Grund: Hier nämlich lag das Loyalitätszentrum der Signorie, der durch wechselseitige Interessenbande zwischen *signore* und Eliten am stärksten gesicherte Herrschaftskern, auf den auch dann noch Verlass war, wenn die später dazugekommenen Gebiete bereits abgefallen waren – Krisenerfahrungen, die auch den mächtigen Visconti ab 1402 nicht erspart blieben.

Vom Zentrum zur Peripherie ist somit in allen Signorien ein Machtgefälle nachweisbar. Am schwächsten war die Stellung des Herrschers in Städten, die ihre politische Eigenständigkeit mehr oder weniger nominell zugunsten eines fremden, nicht in ihr residierenden *signore* aufgaben. Eine solche – *de facto* meist zeitlich befristete – Lösung bot für im Inneren chronisch zerstrittene Städte wie Lucca in der ersten Hälfte des 14. Jahrhunderts handfeste Vorteile: Selbst durch einen Statthalter ausgeübt, reichte die Autorität eines Visconti in Mailand in der Regel aus, um die Selbstzerfleischung der konkurrierenden Netzwerke zu stoppen. Auf der anderen Seite war diese Macht indirekt genug, um dem Luccheser Patriziat das zu sichern, was ihm am meisten am Herzen lag: weitreichende lokale Autonomie und die Hoheit über den *contado*, das ländliche Herrschaftsgebiet. Auf dieses war jede italienische Stadt von einiger Bedeutung seit dem 11. und 12. Jahrhundert essentiell angewiesen: zur politischen Selbstbehauptung, aus elementaren Versorgungszwängen sowie als Einnahme- und Prestigequelle der Oberschicht.

Übergangs- und Grauzonen der Signorie traten noch in anderer Hinsicht auf. Nicht immer nämlich wurde die *plena potestas*, die volle Macht inklusive der Kompetenz, die Statuten, also das Grundgesetz der Kommune, nach Belieben zu ändern, mit so unmissverständlicher Eindeutigkeit an den *signore* abgetreten wie in Ferrara oder in Mantua. So wie es schon in der ersten Hälfte des 13. Jahrhunderts «informelle» Einzelherrschaften gab, denen zur vollen Stadt- und Regionalherrschaft nur die ausdrückliche Machtübertragung nebst Titel fehlte, so bildeten sich solche «Quasi-Signorien» weiterhin auch in der Renaissance heraus. Schon die Zeitgenossen standen angesichts der politischen Strukturen von Florenz nach 1434 vor einem Dilemma, nämlich vor einem Herrschaftsgebilde, das sich einer simplen Etikettierung entzog (und sich ihr bis heute verweigert). Orientierte man sich an den offiziellen Einrichtungen und propagandistischen Verlautbarungen, dann waren die Medici zugleich Inkarnation und Garant des Freistaates, der unter ihrer segensreichen Ausbalancierung ausgewogener denn je Bestand hatte. Doch war für kritische Betrachter unübersehbar, dass sich die Republik unter der Vorherrschaft der Medici im Interesse einer klientelär sortierten Interessengruppe zumindest verengt hatte; Feinde des neuen Systems sprachen sogar von einer verschleierten Tyrannis. Ähnliche Misch- oder Zwitterformen gab es im 15. Jahrhundert in vielen großen und kleinen Städten Italiens, etwa im Bologna der inoffiziellen Bentivoglio-Signorie oder im Siena der gleichfalls nicht offen erklärten Vorherrschaft Pandolfo Petruccis.

Wie durchlässig die Grenzen zwischen Republik und Einzelherrschaft waren, zeigt sich daran, dass aus der Fülle der im 12. und 13. Jahrhundert bestehenden Kommunen nur eine einzige, nämlich Venedig, nicht *signorie*-anfällig wurde. Wiederum global betrachtet, überwogen insgesamt die temporären, oft auf Lebenszeit eines mächtigen *signore* eingerichteten Einzelherrschaften, nach deren Abschaffung dann wieder, ein wenig salopp ausgedrückt, kommunales *business as usual* einsetzte – bis zum nächsten Pazifizierungsversuch durch einen neuen Oberherrn. Für dieses pausenlose Auf und Ab steht modellhaft die Republik Genua, die im 14. und 15. Jahrhundert den Fundus verfügbarer *signori* mit eher unbefriedigendem Ergebnis ausschöpfte – selbst der König von Frankreich musste sich dieses *hire and fire* gefallen lassen.

Dauerhafte, im eigentlichen Wortsinn dynastische Herrschaftsbildung konnte vor und während der Renaissance unter ganz bestimmten Voraussetzungen am besten gelingen. Deren wichtigste war, dass der künftige *signore* aus dem Schoß der Kommune stammte. Genauer: seine Familie gehörte fast immer der bereits in der Kommune etablierten Führungsschicht an – seltener (wie die Della Scala in Verona ab 1277) einer jüngeren, aufgerückten Kaufmannselite, in der Mehrzahl der Fälle der regionalen ländlichen Aristokratie. Dass der *signore* ein wurzelloser Parvenü war, ist also ein bis heute unausrottbarer Mythos.

Die Etappen auf dem Weg zur Herrschaft des *signore* lassen sich idealtypisch sortieren: In einem ersten Abschnitt auf dem langen Marsch zur Signorie gerät der Adelsclan mit seinen Burgen im näheren oder ferneren Umkreis der Metropole in deren Sog und Bann; er muss Vereinbarungen unterschreiben, die ihn in der Regel zu einer festen Aufenthaltszeit in der Stadt und zur Abtretung wesentlicher Herrschaftsrechte an die Kommune verpflichten.

Was wie ein Sieg der städtischen Zivilisation über unruhige Raubritter aussieht, erweist sich später als Einholung eines Trojanischen Pferdes. Trotz aller Verstädterung nämlich verlieren die scheinbar domestizierten Familien keineswegs ihre ländlichen Wurzeln und noch viel weniger ihre kriegerische Mentalität. Dementsprechend steigen sie in der Kommune – Etappe zwei – schnell zur Führung einer lokalen «Partei», eines Netzwerkes und Interessenverbandes, auf, eliminieren drittens die rivalisierende, oft von einem älteren städtischen Clan dominierte Gruppierung, wonach dann viertens mehr oder weniger bald danach die Formalisierung der Signorie zugunsten der siegreichen Sippe erfolgt. Im Falle der Malatesta, deren Aufstieg zur Macht in Rimini dieser Abfolge genau entspricht, war jener Punkt 1295, also, von den Anfängen her gerechnet, nach etwa einem Jahrhundert erreicht. Was dann noch zu tun blieb, hing von den örtlichen Rechtsverhältnissen ab. Im Falle Riminis, das nominell dem Papst unterstand, war naturgemäß dessen Plazet einzuholen, womit eine wechselhafte und spannungsreiche Geschichte einsetzte, die mit dem Vernichtungsfeldzug Pius II. gegen Sigismondo Malatesta Anfang der 1460er Jahre einen dramatischen Akzent erfuhr. Bei aller Konstanz der die Einrichtung von Signorien charakterisierenden Grundmuster variierte nicht zuletzt der Grad der Gewaltsamkeit – er reichte von gleitender Herrschaftsübernahme bis zu blutigen Gemetzeln. Letztere kamen im 13. und frühen 14. Jahrhundert stark gehäuft vor. Zu diesem Zeitpunkt waren die kommunalen Traditionen noch am lebendigsten, rivalisierende Familien noch am stärksten und die Legitimationsmechanismen der Signorie noch am schwächsten. So paradox es klingen mag: Die den Merkmalen des Burckhardt'schen «Renaissance-Tyrannen» – Skrupellosigkeit, Heimtücke, Wille zur Macht – am reinsten entsprechenden Einzelherrscher traten in der Gründungsphase der Signorie und somit lange vor jeder konsensfähigen Datierung der Renaissance auf.

Natürlich waren auch die *signori* der Renaissance keine Herrscher mit Samthandschuhen. Die spektakulären Mordgeschichten aber fanden zum einen vorwiegend in informellen und damit stärker der Bestreitung ausgesetzten Signorien wie im Perugia der Baglioni und im Bologna der Bentivoglio statt. Gewalt innerhalb der regierenden Sippe brach zum anderen meist bei der Erbfolge und über die Frage aus, wie nachgeborene Söhne zu versorgen waren. Im Gegensatz zu großen Monarchien konnten sich die Signorien eine Abtrennung von Territorien zur standesgemäßen Versorgung von Seitenzweigen aufgrund der damit verbundenen Machtausdünnung kaum erlauben, so dass hier Konflikte vorprogrammiert waren. Und trotzdem: Verglichen mit dem Gewaltpotential in der «feudalen» Welt Frankreichs, Englands oder Burgunds im 15. Jahrhundert waren solide etablierte Signorien im Normalfall geradezu als befriedete Refugien gesitteter Geselligkeit anzusprechen.

Es kann auch nicht anders sein, denn seinem Auftrag und Selbstverständnis gemäß war der *signore* an die Mission der Friedensstiftung gebunden. Konkret bedeutete das ausnahmslos: Er hatte die Interessen der örtlichen Oberschicht zu wahren und zu mehren, zwischen ihren rivalisierenden Ausschnitten Ausgleich zu stiften und sie vor dem Druck nachrückender Sekundäreliten und unruhiger Unterschichten zu schützen. Erfüllten er und seine Nachkommen diese Aufgaben einigermaßen zufriedenstellend, so genoss die Dynastie einen wachsenden Vertrauenskredit und konnte sich auch einzelne Fehlschläge erlauben, ohne dass jedoch das angesammelte soziale Kapital unerschöpflich gewesen wäre. Wurde dieses langfristig nicht vergeudet, sondern gemehrt wie im Falle der Gonzaga in Mantua und der Este in Ferrara, dann gewann der *signore* weitere Freiräume und wurde, nicht zuletzt durch konzentrierten Einsatz von Propagandamedien, geradezu zum Symbol städtischer Größe und Unabhängigkeit.

Aber auch von unten war der *signore* starkem Erwartungsdruck ausgesetzt. Billiges Brot gegen inneren Frieden, so lautete die Parole der einfachen Leute. Wollte er seine Herrschaft auf Dauer stabilisieren, hatte der Herrscher dieser kategorisch vorgetragenen Forderung soweit wie mit den beschränkten ökonomischen Mitteln der Zeit möglich entgegenzukommen, meist auf Kosten des flachen Landes, dem die dort erzeugten Lebensmittel im Krisenfall schnurstracks entzogen wurden. Solche paternalistischen Bindungen zwischen den Untertanen und einem sich zum fürsorglichen Vater der Armen stilisierenden *signore* bildeten geradezu einen Basispakt der Signorie, der ostentativ erfüllt werden musste. Wie weit diese, modern ausgedrückt, sozialpolitische Verpflichtung reichte, macht die Rangfolge der repräsentativen Großbauten des Parvenü-*signore* Francesco Sforza deutlich. Versuchte sein Sohn Ludovico il Moro das schwindende Prestige der Herrscherfamilie mit der heroischen Reiterstatue des Vaters zu retten – bezeichnenderweise vergeblich, über geniale Experimente und Vorstudien gedieh Leonardo da Vincis Vorhaben nicht hinaus –, so wusste es der kluge Dynastiebegründer besser und investierte riesenhafte (von den Medici geliehene) Summen in den Bau des Mailänder *Ospedale maggiore*. Dort wurden an den Ärmsten der Armen die Werke der Barmherzigkeit geübt – zum dauerhaften Lob eines christlichen Idealherrschers.

Signorien der Renaissance: Mailand, Ferrara, Urbino

Wie stark war die Signorie als Staat? Aufschlüsse dazu bietet die Korrespondenz zwischen den Mailänder Herzögen und ihren Amtsträgern vor Ort, in den Untertanenstädten der Lombardei. Hier fanden die Sforza als Erbe der Visconti ab 1450 ein ansehnliches administratives Netz vor, standen doch im gesamten Staatsgebiet mehr als zweihundert «Funktionäre» in leitender Position zur Verfügung. Zwischen ihnen und der Zentrale entspann sich ein reger Nachrichtenaustausch. Anfragen erfolgten, Antworten ergingen. Frühmoderne Bürokratie, auf dem Weg zum Beamtenstaat?

Die Realität war vielschichtiger und, von der Seite der Amtsträger aus betrachtet, eher deprimierend. Denn beim Versuch, dem Willen ihres Herrn Geltung zu verschaffen, stießen *commissario*, *podestà* und *capitano di divieto*, die drei wichtigsten herzoglichen Beamten in der Provinz und als solche auf dem Papier mit weitreichenden Kompetenzen ausgestattet, nicht nur an Grenzen, sondern geradezu gegen Mauern; viele ihrer Karrieren endeten nicht mit dem erhofften Aufstieg aus der Mittel- in die Oberschicht, sondern in Frustration. Ob es darum ging, mit herzoglichem Haftbefehl einen Straßenräuber zu fangen, der im Hause eines Cremoneser Patriziers Arbeit und Brot als Leibwächter fand, oder längst fällige Pachtsummen im Gebiet von Lodi einzutreiben – allen ihren Bemühungen stand die geschlossene Phalanx der lokalen Honoratioren entgegen. Gaben sie trotz dieses Widerstandes nicht nach, versuchte man es mit Bestechung oder Einschüchterung – Prügel, Attentate auf offener Straße, bei denen alle wegschauten. Fruchtete das wider Erwarten auch nichts, zog man das letzte Register und schrieb einen Brief an den Herzog – sein Ansehen, so erklärte man ihm, werde durch ein seiner Größe unwürdiges subalternes Organ beschädigt. Stand nicht Grundsätzliches auf dem Spiel, gab die Zentrale jetzt nach – Ende des Vorgangs. Einen Dauerkonflikt mit seinen einflussreichen Untertanen konnte kein «Renaissancestaat» erfolgreich bestehen.

Diese überall – hinter vorgehaltener Hand, versteht sich – im Umkreis der Herrscher zirkulierende Erkenntnis zeitigte Folgen. Wenn die verliehene – in den Augen der Untertanen erborgte, ja erschlichene – Autorität der Amtsträger sich als machtlos erwies, dann sollte man besser andere ins zermürbende Sperrfeuer der örtlichen Oberschichten schicken. Als Kugelfang boten sich Lehensmänner an. Nicht nur im Mailand der Visconti und Sforza, sondern überall dort, wo *signori* herrschten, brach sich auf diese Weise eine Tendenz Bahn, die herkömmlichen Staatsausbildungsmodellen radikal widerspricht. Gehen diese von einer schrittweisen und schließlich endgültigen Überwindung autonomer feudaler Herrschaftsgewalten durch sich allmählich entwickelnde zentrale Bürokratien aus, so ist die Gegenläufigkeit – oder, wenn man so will, die «Rückschrittlichkeit» – der Signorie in der Tat unübersehbar.

Hatten die Kommunen vom 12. Jahrhundert an die autonome Rechtsprechung, Steuerabschöpfung und Truppenaushebung der Adeligen in ihrem Herrschaftsgebiet insgesamt relativ erfolgreich zurückgedrängt, so feierte das *feudum*, das Lehen, im 15. und 16. Jahrhundert fröhliche Wiederauferstehung. Und diese Renaissance-Feudalität war alles andere als ein schwächlicher Spätling; sie umfasste in der Regel Blutgerichtsbarkeit und weitere staatliche Hoheitsrechte. Vom Herrschaftsgebiet der Sforza etwa waren am Ende so große und so einträgliche Teile als Lehen vergeben, dass in der Zentrale der permanente Finanznotstand ausbrach. Das von Seiten der Herrscher aufgemachte Kalkül setzte stattdessen auf eine andere Art von Rendite: auf die unverbrüchliche Loyalität derjenigen, die mit dem *feudum* investiert wurden. Im Falle der Sforza blieb auch sie aus. Statt treue Gefolgsleute zu gewinnen, handelte man sich Unabhängigkeit und Aufsässigkeit der Peripherie unter mächtigen Anführern ein. Solche Auflösungserscheinungen provozierte Lehensvergabe immer dann, wenn sie aus einer Position der Schwäche heraus vorgenommen wurde – um Widerspenstige milde zu stimmen, anstatt bewährte Vertrauensleute noch enger an den Herrscher zu binden. Genau dieser Zweck wurde mit wohldosierten Mitteln in gelingenden Signorien wie etwa Ferrara erreicht. Dort verzeichneten in Ehren ergraute Amtsträger durch die Verleihung kleinerer Gebiete unter durchaus weiter bestehender Kontrolle von oben einen gesellschaftlichen Ranggewinn, der auch dem eifersüchtigsten Blick der alten Familien standhalten konnte, weil er diesen nichts wegnahm. Beim Einsatz der Vielzweckwaffe Lehen und damit bei der Gliederung und Verwaltung ihres Herrschaftsgebietes hatte jede Signorie ihren eigenen Weg zu finden. Eine Schlussfolgerung aber drängt sich auf: Auf die Patronage kam es an. Oder, anders ausgedrückt: Der *signore* war so stark wie das Netzwerk nützlicher

Freundschaften, das er um sich als Mittelpunkt zu knüpfen vermochte, mit oder ohne Lehen.

Besonders erfinderisch war auch hier Federico da Montefeltro, Herzog von Urbino. Begünstigt durch seine Soldeinnahmen, konnte er sein karges Territorium mit exemplarisch leichter Hand, mit einem absoluten Minimum an Staat regieren. Das wiederum kam der Mentalität seiner Untertanen ideal entgegen, die wie alle Bergbewohner im Europa der frühen Neuzeit (und später) kleinräumigen Organisationsformen leidenschaftlich anhingen und ihre Angelegenheiten in Gemeinde und Nachbarschaftsverband ohne Einmischung von außen unter sich aushandeln wollten. Dementsprechend archaisch, vorstaatlich war die administrative Organisation: Nicht einmal die in Lombardei und Toskana seit Jahrhunderten erreichte Zusammenfassung zu Amtsbezirken ließ sich hier durchsetzen. Stattdessen herrschte weitgehende lokale Selbstregierung, nicht nur in (Klein-)Städten wie Gubbio, sondern selbst in winzigen Bergnestern mit wenigen Dutzend Bewohnern. Gerade hier standen die Amtsträger der Zentrale, schon auf dem Papier mit Kompetenzen viel spärlicher ausgestattet als im Mailändischen, oft genug auf verlorenem Posten – angesichts chronischer Widerständigkeit und Aufsässigkeit von Untertanen, die sich bei ihren Protesten gegen die «Anmaßung» der Funktionäre des Gehörs ihres Landesherrn oft genug sicher sein durften. Dieser nämlich reagierte ganz anders, als es das Klischee des Renaissance-Tyrannen erwarten lassen würde – nicht mit unbeirrbarer Durchsetzung seines eisernen Herrscherwillens, sondern flexibel, unter Ausnutzung der von den Rivalitäten gebotenen Profilierungschancen: in der Rolle des väterlichen Schiedsrichters zwischen Untertanen und «Staat».

Daraus ergibt sich eine nur scheinbar paradoxe Konstellation, dass nämlich dem Herrscher die ostentative Distanzierung von den ausführenden Organen seiner Herrschaft Prestige und Akzeptanz einbrachte. Lehensvergabe war unter diesen Voraussetzungen nur logisch. Sie wurde wie alles in diesem zugleich altertümlichen und modernen, ganz auf die Person des Herzogs zugeschnittenen System kontrolliert vorgenommen. Ein Drittel des Montefeltro-Territoriums wurde feudal regiert, also von einem Mittelsmann zwischen Untertanen und *signore*; das klingt nach viel, ist aber wenig. In diesen ca. tausend Quadratkilometern Bergland lebten nur ca. fünf bis sechs Prozent der Einwohner und zudem deren notorisch unruhigster Teil. So lagen die Vorteile der Feudalität für den *signore* auf der Hand. Er kanalisierte sozialen Aufstieg (überwiegend des ländlichen Kleinadels in die höheren Ränge der Aristokratie), erntete auf diese Weise die Loyalität der Aufsteiger, kassierte Lehenszins als Reinertrag und ließ andere die unvermeidlichen Konflikte austragen, bei denen er wiederum als Vermittler Ansehen gewann – nach heutigen Kriterien also ein *win-win-win*-Geschäft.

Zum Vorteil aller Seiten geriet noch eine weitere unverwechselbare Montefeltro-Operation. Steuerlich wenig belastet, führten die Familien im Herzogtum Urbino eine ganz besondere Naturalabgabe an den Herrscher ab – in Gestalt wehrfähiger junger Männer für das Heer des herzoglichen Militärunternehmers, der dann seine Feldzüge nach dem Motto «so wenig Risiko und so viel Beute wie möglich» für seine Landeskinder plante. Auch hier also bestand die Regierungskunst des *signore* in möglichst flächendeckenden Gunsterweisen, in der Ausübung von Patronagehoheit – und nicht zuletzt in der Ausnutzung von Propagandamedien. Von oben und unten vielfältig gebunden und zur Aufgabenerfüllung verurteilt, suchten und fanden die Einzelherrschaften der Renaissance ihren ureigenen Expansionsspielraum im Ausbau des Hofes und der damit verbundenen reichhaltigen Selbstdarstellungsmedien.

Damit lässt sich die seit Burckhardt immer wieder gestellte Frage nach dem Wesen der italienischen Renaissance-Signorie modifiziert und nuanciert beantworten: Sie ist zutiefst traditionell in ihrem Aufbau, ihrer Organisation, ihren Werten, ihrem Selbstverständnis und an den Grundkonsens der Eliten wie an die Sättigung der Unterschichten gleichermaßen gebunden – und sie ist zugleich innovativ, zukunftsweisend, kreativ und erfinderisch durch die Ausschöpfung der Freiräume, die sich zwischen diesen wenig veränderlichen sozialen und politischen Koordinaten ergeben, also vor allem durch die Einbindung von

Oberschichten in Lehen und Hof und damit durch die Gewinnung von Prestige als Mittel der Politik nach innen und außen. Schwach gemessen an den realen Machtmitteln, stark durch die Knüpfung innerer und diplomatischer Netzwerke und durch die Wirkungskraft ihrer Selbstdarstellung – die Renaissance-Signorien Italiens sind Kunstwerke in einem ganz und gar nicht-Burckhardt'schen Sinne: Insgesamt im besten Falle statisch, in sich ruhend, auf die Person oder die Familie der Herrscher zugeschnitten, sind sie kulturell außerordentlich fruchtbar und zugleich als politisches System wenig dynamisch, weit eher Auslaufmodell als zukunftsfähig. Nach zweihundert Jahren Prinzipat der mit seinem Tode erlöschenden Dynastie forderte Gian Gastone, letzter Medici-Großherzog von Toskana, 1737 die Wiederherstellung der Republik nach seinem Ableben; diese sei nie aufgehoben, sondern nur zugunsten seiner Familie umgewandelt worden – wir dürfen ergänzen: in die ihr gemäße Form. Nichts kann das Wesen der Signorie besser verdeutlichen als dieses vergebliche Begehren des letzten *signore* auf dem Totenbett.

Monarchien: Neapel und Rom

Dass im Süden die großen Feudalfamilien langfristig am längeren Hebel saßen, zeigte sich bereits am sang- und klanglosen Untergang der aragonesischen Dynastie nach 1494. Über die Herrschaft ihres Begründers, Alfonsos V. (1443–1458), hingegen ist sich die Forschung bis heute nicht einig. Noch einmal dieselbe Frage – starker oder schwacher Staat? Eine ausgewogene Bilanz dürfte wie folgt ausfallen.

Als Sieger, der von außen kommt, brachte Alfonso einen Kreis katalanischer Adelssippen mit, die Führungspositionen am Hof und die Lehen der exponiertesten Feinde der neuen Dynastie erhielten – ein starker Startvorteil. Diese Eliten-Transplantation aber fiel notwendigerweise begrenzt aus, um allzu heftige Ressentiments der heimischen Barone zu vermeiden. Anstoß an den privilegierten Neuankömmlingen nahmen sie trotzdem, und das so sehr, dass schon Alfonsos Nachfolger Ferrante nach 1458 einen Gegenkurs steuern und seine engere Umgebung «italianisieren» musste. Gewiss kam es nach 1443 zum Ausbau zentraler Ratsgremien und Institutionen, die zudem von stolzen Bekundungen königlicher Autorität begleitet wurden. So pochte der Monarch auf sein Recht, auch in den baronalen Lehen Steuern zu erheben, die von den Feudalherren ernannten Amtsträger zu bestätigen und überhaupt die adelige Herrschaftsausübung zu beaufsichtigen. Doch *de facto* verpuffte diese Energie rasch, ohne die Grenzlinie zwischen aristokratischer und monarchischer Macht wesentlich zugunsten der letzteren zu verschieben.

Die dazu erforderlichen Energien brachte bis zur Französischen Revolution kein Herrscher auf. Zu ungünstig für die Zentrale waren die bestehenden Machtverhältnisse: Allein von den etwa anderthalbtausend städtischen oder stadtähnlichen Gemeinden (*comunità*) im festländischen Süditalien standen mehr als vier Fünftel unter feudaler Hoheit, und zwar gerade die größeren und reicheren. Zusammen mit dem einst stolzen Krongut war die ursprünglich weitreichende Macht der Könige seit dem späten 12. Jahrhundert, nur von kurzen gegenläufigen Phasen unterbrochen, einem ständigen Erosionsprozess ausgesetzt, der sich auch unter der aragonesischen Dynastie als letztlich unaufhaltsam erwies. Nach altbewährtem Muster ließen sich die großen Familien auch von ihr die Akzeptanz der neuen Herrschaft honorieren. So verlieh Alfonso schon bald nach seinem Machtantritt den unmittelbar von der Krone eingesetzten Baronen das *merum et mixtum imperium* in ihren Lehen – die uneingeschränkte Rechtsprechungsgewalt inklusive Entscheidung über Leben und Tod – und bestätigte damit im Wesentlichen bereits bestehende Machtverhältnisse.

Ab dem zweiten Viertel des 16. Jahrhunderts schließlich sanktionierte die spanische Krone die feudale Herrschaft als Machtausübung im Namen des Königs noch stärker, formalisierte sie aber zugleich durch lehensrechtliche Gesetzgebung und konzentrierte bzw. massierte sie zudem dadurch, dass sie die Bildung noch größerer feudaler Besitzungen der führenden aristokratischen Clans begünstigte. Dahinter stand das Kalkül, dass wenige große Feudalfamilien leichter zu kontrollieren und zu domestizieren sein sollten als eine große Zahl nicht saturierter und daher unruhiger Kleinadeliger.

Etwas größere Handlungschancen als in der abgeschotteten Welt feudaler Herrschaft hatte die aragonesische Monarchie in ihrer Hauptstadt zu Füßen des Vesuvs. Hier hatte sich eine ganz besondere Elitenkonstellation herausgebildet, die eine mannigfaltige juristische Traktatliteratur hervorbrachte. Stark vereinfacht dargestellt: Ein in fünf sogenannten *seggi* («Sitzen») organisierter städtischer Adel dominierte Verwaltung, Rechtsprechung und Versorgung der expandierenden und pulsierenden Metropole Neapel in konfliktreichem Zusammenspiel mit einem sechsten Sitz des «Volkes», das heißt der reichen Kaufmanns- und Bankiersfamilien. In diesem durch den Aufstieg eines dritten Elitensegments, der Rechtsgelehrten (*togati*), spannungshaltigen Gefüge versuchte die Monarchie durch Unterstützung der nichtadeligen Gruppen ihre Autorität zu erhöhen, zeitweise mit einem gewissen Erfolg. Doch wurden diese bescheidenen Zugewinne langfristig dadurch zunichte gemacht, dass der hauptstädtische und der feudale Adel im 15. und 16. Jahrhundert zunehmend zu einer einheitlichen und vollends unbezwingbaren privilegierten Phalanx verschmolzen.

Doch weiterhin nicht ohne Gegenwehr der Krone. So zeichneten sich unter Alfonso und Ferrante (reg. 1443–1494) Ansätze einer «Staatsökonomie» ab, die durch das jetzt eingerichtete königliche Weidewirtschaftsmonopol und durch Anbindung an den Geld- und Warenstrom des nördlichen Italien die Produktivität des rückständigen südlichen Wirtschaftsraumes und damit die Finanzkraft der Monarchie heben sollte. Im Endeffekt aber profitierten davon weit mehr als heimische Firmen die großen florentinischen und genuesischen Handelshäuser, die seit langem die Ausfuhr südlicher Agrarprodukte in den gewerblich viel weiter entwickelten Norden gewinnträchtig monopolisierten. Unbehinderter bewegten sich auch die neapolitanischen Herrscher im Bereich der Kulturpatronage. Sowohl Alfonso als auch Ferrante erkannten die Zeichen der Zeit, die auf Medieneinsatz standen, und gingen folgerichtig daran, sich als fremde Herrscher ostentativ einzubürgern – auch hier nach dem Muster, dass Legitimität nur durch nahtlose Einfügung in Kontinuitätslinien und geschickt inszenierten Kult lokaler Traditionen zu gewinnen war. Dabei setzte Alfonso gleichermaßen auf die Aussagekraft von Bauwerken wie etwa der Triumphpforte am Castelnuovo Neapels (1452–1466) und auf die Überzeugungsmacht des Wortes; letzteres verkündeten zum Ruhme ihres Herrn hochbezahlte Humanisten vom Range eines Bartolomeo Fazio oder Lorenzo Valla, die damit der neapolitanischen Stimme im Konzert der öffentlichen Meinung Italiens zeitweise kräftig Gehör verschafften. Doch war am kläglichen Ende der Dynastie das Prestigekapital schnell aufgezehrt. Offenbar war der Süden mit seinen feudalen Strukturen ein für erfolgreiche Herrschaftspropaganda eher ungünstiges Terrain: Die Barone des Südens beeindruckte man sicher weniger durch Bilder als durch Lehen und Armeen.

Wie dem Neapel Alfonsos ist auch Rom und dem Kirchenstaat der Renaissance Modernität in Form von Zentralisierung und Bürokratisierung von der Forschung ebenso nachdrücklich zugeschrieben wie abgesprochen worden. Auch hier stechen auf den ersten Blick Zugewinne ins Auge. 1420, im Jahr der Rückkehr Martins V. nach Rom, noch eine Art Gemeinschaft unabhängiger Staaten unter nomineller Oberhoheit des Pontifex maximus, stellte sich das päpstliche Herrschaftsgebiet zwischen Romagna und Abruzzen knapp anderthalb Jahrhunderte später unleugbar gefestigt und gestrafft dar. In der ehemals äußerst locker verfugten Agglomeration ganz unterschiedlich regierter Gebiete waren nach der Mitte des 16. Jahrhunderts allenthalben, bis in abgelegene Gebirgsdörfer hinein, päpstliche Amtsträger installiert. Parallel dazu war den lokalen Eliten ihre sprichwörtliche Widersetzlichkeit ausgetrieben worden. Letzte Aufstände von Städten wie Perugia (1540) oder Clans wie der Colonna (1541/43) waren wenig mehr als Epiloge einst stolzer Autonomien.

Die jetzt bis zum (vorübergehenden) Ende des Kirchenstaates im Jahre 1798 anbrechende Ruhe an der jahrhundertelang heißumkämpften römischen Front aber kam nicht durch einseitigen Machtspruch des geistlichen Wahlmonarchen, sondern durch gegenseitiges Arrangement, durch informellen Machtabtausch zwischen Herrscher und Adel zustande. Dabei vermochte das Papsttum die auf Mitregierung in der großen Politik gerichteten Ansprüche seiner traditionellen Konkurrenten – Kardinäle, römische Stadtbehörden und Barone – weitgehend zurückzudrängen bzw., im Falle der altadeligen Sippen vom Range der Colonna und Orsini, eher abzudrängen, nämlich aus der Hauptstadt und den Haupt- und Staatsaktionen heraus auf eine mittlere und untere Ebene der Herrschaft zu verlagern. Hier aber erwies sich die Autorität der städtischen Oligarchien bzw. der Feudalherren als ungebrochen, ja sogar gestärkt. Die päpstlichen Vizelegaten und Gouverneure sahen sich diesen gegenüber im Wesentlichen auf die Rolle von Beobachtern und Informanten beschränkt.

Bei der Neuverteilung der Machtchancen spielte der päpstliche Nepotismus eine Doppelrolle. Zum einen schwächte die seit Sixtus IV. (1471–1484) immer aggressiver vollzogene Etablierung der Papstverwandten an der Spitze der kirchenstaatlichen Sozialpyramide die dort traditionell etablierten Clans – und zwar irreparabel. Die im Kampf gegen so gewalttätige Parvenüs wie die Borgia 1492 bis 1503 erlittenen Verluste an Personen, Gütern und Prestige konnten die Colonna und Orsini auch nach dem Untergang ihrer Feinde und trotz partieller Wiedergutmachung nicht mehr ausgleichen. Auf diese Weise aber wurde das Papsttum als Institution im Kampf zwischen altem und neuem Adel zum lachenden Dritten, der dabei immer stärker die Regeln eines zivilisierten Konfliktaustrags diktierte: Schon ein Menschenleben nach Alexander VI. Borgia tobte zwischen Baronen und Nepoten nur noch ein Krieg der Prestigeobjekte, der Bilder und Paläste. Ziel der Renaissance-Päpste war somit nicht die definitive Herabdrückung oder gar Ausrottung der alten Elite, sondern die Verschmelzung mit den Nepotenfamilien zu einer homogenen neuen Oberschicht und damit ein Staat, in dem der Papst im trauten Kreise seiner loyalen Aristokraten harmonisch regieren konnte.

Doch wohnten in der Brust des Papsttums zwei Seelen, eine kirchenstaatlich-politische und eine kirchlich-universelle. Mit anderen Worten: Über die Regierung eines eigenen Territoriums hinaus beanspruchte der Papst als Stellvertreter Christi auf Erden eine Macht, die nicht von dieser Welt ist, und in deren Namen die unumschränkte Regierung von Kirche und Klerus sowie die Oberhoheit über alle christlichen Herrscher. Diese Personalunion wurde nicht erst in der Renaissance, doch jetzt immer stärker zur Zielscheibe der Kritik europäischer Intellektueller. Sie prangerten Verweltlichung in allen nur denkbaren Spielarten an – außer der anstößigen Begünstigung der Nepoten vor allem die Verwandlung der Kirchenspitze zu einem immer mondäneren, luxuriöseren, ausschweifenderen Hof sowie als Mittel zu dessen Finanzierung den Verkauf von Verwaltungsämtern an der Kurie und schließlich deren Gebührenunwesen, das nach Meinung nationalgesinnter deutscher und französischer Humanisten beide Länder aussaugte. Gegen diese Anklagen hatte das Papsttum seinen Behördenausbau mit den gewachsenen Aufgaben der Kirchenführung verteidigt und seinen prunkvollen Lebensstil mit den Erfordernissen eines neuen Zeitalters gerechtfertigt: Seelenfang durch Beeindruckung der Sinne. Aufgrund ähnlicher Überlegungen verkündete Papst Nikolaus V. (1447–1455) auf dem Totenbett seinen großen Stadtbauplan. Er sah vor, die damals noch graue, unansehnliche Siedlung am Tiber zu einem leuchtenden Neuen Jerusalem, zum sinnlich erfahrbaren Symbol weltumspannender Größe des Papstamtes umzuformen – und zwar mit dem Neubau der altehrwürdigen, aber baufälligen Peterskirche auf dem Vatikanischen Hügel beginnend. Entschiedenere Schritte in diese Richtung, der das Papsttum bis 1870 folgen sollte, aber unternahm erst Sixtus IV., mit dessen Pontifikat sich das in dieser Hinsicht bisher eher provinzielle Rom zu einem Zentrum von Mäzenatentum und Kulturpatronage im weitesten Sinne zu verwandeln anschickte.

Republiken: Venedig, Genua, Siena, Lucca

Waren die italienischen Republiken der Renaissance nicht (oder wenig) mehr als Oligarchien ohne *signore*? Das Bäumchenwechsle-dich der Staatsformen in Lucca oder Genua legt diese

Frage nahe. Anders gestellt, lautet sie: Was hält Freistaaten im Inneren zusammen bzw. bei der republikanischen Stange? Was Genua betrifft, so glaubte Machiavelli die Antwort zu wissen. Ihr nämlich empfahl er dringend, die Staatsbank der Casa di S. Giorgio zum Staat zu machen. Zu ihr und nicht zur Republik als Staatsform hätten die führenden Kreise Vertrauen. Eine tiefschürfende Einsicht. Im Gegensatz zu Oberschichten wie dem Mailänder Patriziat, das seine Investitionen strikt vom Staat trennte, legten die Eliten von Genua, Florenz, Venedig, Siena und Lucca einen ansehnlichen Teil ihrer Überschüsse in Staatstiteln an. Ob freiwillig oder gezwungenermaßen, macht keinen großen Unterschied, da sich die Rendite in der Regel sehen lassen konnte. So aber garantierte die Aufrechterhaltung des Regimes Zinsen, bei seinem Sturz drohte Ruin. Ohne Frage waren die Republiken der Renaissance also auf Geld gebaut. Die Verquickung wirtschaftlicher, gesellschaftlicher und politischer Interessen war unauflöslich: Wer an der Macht war, besteuerte seine Gegner, bis sie zusammenbrachen. Steuerreformen wie in Florenz ab 1427 und auch später, unter der Herrschaft der Medici-Partei, waren wenig mehr als leicht kaschierte Versuche einer noch stärkeren Umverteilung zugunsten der Herrschenden. Die Republik als organisierte *cosa nostra* und sonst nichts?

Solch zynischen Erklärungen haben die Venezianer der Renaissance als Gralshüter republikanischer Freiheit ihren Staatsmythos entgegengestellt. Am reifsten ausgebildet tritt er im Werk Gasparo Contarinis (1483–1542) hervor. Der venezianische Patrizier und spätere Kardinal sieht seine Heimatstadt auf unverbrüchliche Staatsergebenheit, glühenden Tyrannenhass und uneigennützigen Patriotismus seiner besten Bürger, des Adels, gegründet; dieser regiert in einer perfekt ausgewuchteten Verfassung unter wachsamer Gruppenkontrolle, gerecht und in Harmonie mit dem Volk. Ähnliche Ruhmestöne schlägt der große Humanist Leonardo Bruni (1369–1444) zum Lob seiner Wahlheimat Florenz an: Nur in einem Staatswesen, das durch freie Rede und ungehinderte Konkurrenz die Besten an die Macht bringe, könne sich eine wahrhaft humane Kultur entfalten. Diese Entwicklung hin zu immer höheren Daseinsformen sei, so Bruni, in der Stadt am Arno seit der Abschüttelung fremder Herrschaft im frühen Mittelalter stetig vorangeschritten – bis zur voll entfalteten Freiheit und Gerechtigkeit im Hier und Jetzt. Auf der anderen Seite ist ihm die seit 1434 vollzogene Verengung der Republik unter der Vorherrschaft der Medici-Partei keine Erwähnung wert. Republikanischen Glaubensbekenntnissen wie dem seinen wohnt, so ist zu schließen, in der Renaissance immer eine gehörige Portion Rhetorik oder auch Opportunismus inne; für bare ideologische Münze darf man sie nicht nehmen. Doch sind diese Credos zugleich mehr als billiges Wortgetöse. Je länger eine Republik bestand, desto mehr bildete sich, zumindest von den Mittelschichten aufwärts, eine kollektive republikanische Identität aus: das Bewusstsein, dass Stadt und Staatsform zusammengehören. Grob nach ihrer Intensität abgestuft, waren diese Überzeugungen in Venedig, jenseits aller Mythen, felsenfest, in Florenz immerhin zählebig, in Genua vor 1528 ziemlich austauschbar und in den übrigen Republiken mehr oder weniger schwankend.

Auf die schon von den Zeitgenossen gestellte Frage nach den Ursachen der republikanischen Unerschütterlichkeit an der Lagune liefert die neuere Forschung eine breite Palette von Antworten. Ausschlaggebend war ohne Frage die Existenz einer ganzen Reihe in etwa gleich starker Clans mit zahlreichen Familienzweigen, die das System auf vielen Schultern ruhen ließen und die zur Einrichtung einer Signorie nötigen Prestigevorsprünge zu verhindern wussten. Diese Konkurrenz erzeugte darüber hinaus intensive Gruppenkontrolle sowie Regeln für den Wettbewerb innerhalb der Führungsschicht, die dadurch als solche rechtlich definiert wurde, des *signore* als Schützer ihrer Privilegien also nicht bedurfte. Ein übriges tat die schnelle Rotation der Ämter, welche zugleich deren breite Streuung gewährleistete – die Aufrechterhaltung des Status quo wurde so für viele wünschenswert. Dazu trugen weitere Ausgleichsmechanismen für die in den politischen Institutionen der Republik nicht vertretene und daher im engeren Sinne nicht politikfähige große Mehrheit der Venezianer bei: die Bereitstellung zahlreicher Selbstverwaltungsfreiräume auf der Ebene der Pfarrei und der

Berufsgenossenschaft, Versorgungsprivilegien für die hauptstädtischen Mittel- und Unterschichten, vor allem in Gestalt subventionierten Brotes, und nicht zuletzt die vielen prunkvoll inszenierten politisch-religiösen Feste und Prozessionen. Alle diese Faktoren zusammen erzeugten das von Nicht-Venezianern verwundert (und bewundernd) festgestellte schichtenübergreifende «Wir-Gefühl» an der Lagune, wo nicht nur die *nobili*, sondern auch große Teile der Mittelschichten in äußerst tragfähige klienteläre Netze eingewoben waren. Für den extremen inneren Krisenfall schließlich stand mit dem Rat der Zehn ein handlungsfähiges Staatssicherheitsorgan zur Verfügung, doch wurde der Zusammenhalt ganz überwiegend von innen, nicht durch Unterdrückung gewährleistet – entgegen allen Schauerromanen von der Stadt der tausend Spitzel.

Alle diese Regeln aber haben sich, dem Staatsmythos entgegen, nicht mit einem Schlag, sondern sehr allmählich ausgebildet; annähernd «fertig» wurde die venezianische Verfassung erst im 14. und frühen 15. Jahrhundert, in einem gewissen Fluss blieb sie auch danach. Diese Bewegung betraf vor allem den Auf- und Abstieg von Sippen und Familien.

Am Grunde der pyramidal aufgebauten, durch starke innere Verschachtelung und Verzahnung charakterisierten Verfassung fungierte der Große Rat, dem nominell bis zu dreitausend volljährige männliche Adelige (*nobili*) als Trägerschicht des Staates angehörten. Die Mitgliedschaft in ihm war seit 1297/98 auf damals bereits etablierte Familien beschränkt, doch erwies sich das Basisorgan der Republik, entgegen dem strengen Wortlaut des Gesetzes, noch ein Jahrhundert lang für neuaufgestiegene Familien als relativ offen. Als darüberliegende politische Etage war der sogenannte Consiglio de' Pregadi, antikisierend Senat genannt, eingezogen, dessen Besetzung etwa einem Zehntel des Großen Rates gleichkam. Auch wenn Senatoren als eine Art Steuerungskomitee den zu keinen eigenständigen Initiativen fähigen Großen Rat durch Tagesordnung und Traktanden erst zum politischen Leben erweckten, nahmen sie in der informellen Hierarchie von Autorität und Einfluss nur mittlere Plätze ein. Wer es dagegen bis in den Dogenrat, in den Rat der Zehn (mit *de facto* siebzehn Mitgliedern) oder ins Kollegium der Savi Grandi schaffte, der durfte sich zu den ca. fünf bis sechs Dutzend wirklich mächtigen Individuen, zum auch hinsichtlich seiner Kompetenzen aufs engste verzahnten Kreis zählen, in dem die Weichenstellungen innerer und äußerer Politik getroffen wurden. Dessen Mittelpunkt bildete weiterhin, trotz aller misstrauischen Überwachung seines Tuns und Lassens, der Doge, und zwar deshalb, weil er zum einen auf Lebenszeit und zum anderen in mehreren ausschlaggebenden Gremien zugleich tätig war. Diesen doppelten Vorteil nutzten machtbewusste Staatsoberhäupter dazu, sich ein dichtes Netzwerk ergebenen Anhangs zu knüpfen und auf diese Weise ihren Einfluss weiter zu steigern. Agostino Barbarigo (Amtszeit 1486–1501) etwa war ein solcher starker Doge – ein Typus, dem nicht die Zukunft gehören sollte: Milde Greise stiegen jetzt ständig im Kurs.

Herrsche und teile aus – diese Devise prägte die soziale und politische Ordnung der Markusrepublik auf allen Ebenen. Unterhalb der *nobili* genoss die immer sorgfältiger (definitiv 1568) abgegrenzte Schicht der *cittadini originarii* – eine kurz unterhalb der Adelsschranke steckengebliebene Sekundärelite – wichtige Privilegien: das Monopol auf die Lebenszeitposten der Dogenkanzlei und die Leitung der großen *scuole* (Bruderschaften), die als sozialpolitisch-karitative Großorganisationen tief in den Alltag des Volkes hineinreichten. Dadurch durften sie sich den ärmeren Adeligen mindestens ebenbürtig fühlen. Von diesen gab es immer mehr, seit im Laufe des 15. Jahrhunderts die osmanische Expansion im Ostmittelmeer die Venezianer, bildlich gesprochen, von ihren seit dem frühen 13. Jahrhundert so fetten kommerziellen Weidegründen im Gebiet Kleinasiens und des griechischen Archipels abzuschneiden begann. So wurde jetzt für eine wachsende Mehrheit wenig oder kaum begüterter *nobili* (die sogenannten *barnabotti*) der ererbte Sitz im Großen Rat zu einer Versorgungspfründe auf Lebenszeit. Viele der zahllosen Kleinstämter in der stark aufgeblähten administrativen Maschinerie der Republik hatten keinen anderen Zweck, als den abgesunkenen Teil der politischen Elite mental und ökonomisch aufzurichten. Naturgemäß verdingte sich dieser darüber hinaus als Stimmvieh, trotz aller Gesetze, die solche Geschäfte auf Gegenseitigkeit verhindern sollten und gerade durch ihre Häufigkeit die Unabänderlichkeit dieser Zustände bezeugten. Und doch ist Venedig in der Neuzeit keine Geronto-Plutokratie reinsten Wassers gewesen, in der nur schwerreiche alte Männer das Sagen hatten. Dazu waren die *barnabotti* zu zahlreich und in gewisser Weise zu volksnah. Von den einfachen Leuten, deren Lebensstil und Weltsicht nämlich unterschieden sich viele von ihnen durch wenig mehr als ihren Titel; auf diese Weise aber konnte, vor allem in Krisensituationen, die Stimmung der Straße in den Ratssaal eindringen: durch Stimmenverweigerung für unpopuläre Kandidaten oder, subtiler, durch deren Wahl in besonders unbeliebte Ämter. Außer Geld, und zwar reichlich, war zum Einzug in die innersten Zirkel der Macht vor allem Abkunft aus einem der angesehensten Clans vonnöten. Diese waren nach Alter und Ämterhäufigkeit vielfältig abgestuft, doch war genealogische Vornehmheit im Dschungel der Netzwerke keine Garantie dafür, ganz nach oben aufzusteigen. So etwa machten die *case nuove*, die – relativ! – jungen, überwiegend im 13. und 14. Jahrhundert aufgestiegenen Familien, im 16. Jahrhundert das Dogenamt unter sich aus.

Die sogenannten apostolischen Häuser – die sakral überhöhte Geburtselite eines sich als Ruhestätte des Evangelisten Markus selbst heiligenden Staatswesens – konnten es verkraften: Macht setzte in den italienischen Republiken der Renaissance nicht unbedingt deren Ausübung in eigener Person voraus. Was die Teilhabe am politischen Leben betrifft, so waren alle diese Freistaaten *de facto* Oligarchien. Sie behielten die Machtausübung durch Bekleidung der führenden Ämter einem relativ engen Kreis sich zudem stetig weiter abgrenzender Familien vor. Die Ausdehnung der Politikfähigkeit auf nahezu die gesamte Mittelschicht, wie sie im Florenz des Jahres 1494 und nochmals 1527 vorgenommen wurde, ist eine quasirevolutionäre Ausnahme. Sie wurde durch die außenpolitischen Erschütterungen und noch mehr durch das Gedankengut des Endzeitpropheten Savonarola provoziert, für den Handwerker und Ladenbesitzer der moralisch gesündeste Teil der Gesellschaft waren. Von solch spektakulärer Gegenläufigkeit abgesehen aber vollzog sich im Italien der Renaissance eine unaufhaltsame und an ihrem Ende weitgehend abgeschlossene Verfestigung von Führungs- und damit Herrschaftsschichten. Sie saßen so sicher im Sattel, dass sie zur Mitregierung einladen oder sogar andere regieren lassen konnten.

Diese Trennung von Amt und Einfluss wurde in der Republik Siena schon unter dem *Noveschi*-Regime von 1289 bis 1355 und auch über weite Strecken des 15. Jahrhunderts besiegelt. Obwohl *de jure* von den führenden Positionen ausgeschlossen, gediehen die mit Lehen und Landbesitz reich begüterten (und zugleich von Anfang an in der Stadt dominierenden) Adelsclans vom Rang der Salimbeni oder Piccolomini auch unter diesen Sanktionen aufs prächtigste; Angehörige dieser sienesischen Ur-Elite besetzten zum Beispiel durchgehend die Schlüsselstellen diplomatischer Gesandtschaften und militärischer Kommandos. In diesem Licht stellt sich das politische Abgeben-Können, wie es hier praktiziert wurde, als souveräne Staatsklugheit dar – Maurer und Kleinhändler ließen sich in der Regel durch Teilhabe am Genuss von Macht und Prestige leicht domestizieren.

Zu dieser Einbindung trug das Ämterkarussell entscheidend bei, das sich in allen Republiken rasend schnell drehte – zwei Monate saß man in der Stadtregierung, dann war man schon wieder draußen und musste eine bestimmte Frist, in der Regel zwischen einem und fünf Jahren, abwarten, bis man wieder hinein durfte. Unerschöpflich wurde die Fülle der kleineren republikanischen Ämter vor allem durch die städtischen Ressourcen auf dem Land. Die Bewohner des *contado* waren zwar seit jeher rechtlich und fiskalisch benachteiligt, doch keineswegs willenloses Objekt städtischer Politik. Wenn sie sich wie etwa in der Lombardei des 16. Jahrhunderts zu kompakten ländlichen Gemeinden zusammenschlossen, konnten sie sich sogar als überraschend durchsetzungsfähig erweisen. Manchmal waren sie auch lachende Dritte im langen und heftigen Streit zwischen Kapitale und Untertanenstädten. Hatten die Honoratioren ehemals selbständiger, dann in den politischen Sog einer Metropole geratener Städte wie etwa Pistoias oder Volterras unter florentinischer

Herrschaft nach dem Autonomieverlust den rechtlichen und steuerlichen Zugriff auf ihr eigenes Umland zunächst fast vollständig behalten, so bemühten sich Republiken wie Signorien im Laufe des 14. und vollends zu Beginn des 15. Jahrhunderts um stärkere Durchdringung und Gliederung ihres Territoriums.

Dieser innere Straffungsprozess brachte die aus dem Mailändischen bekannten Amtsträgernetze auch in republikanischen Staaten hervor, wo sie sich überwiegend aus Angehörigen der respektableren hauptstädtischen Mittelschicht rekrutierten. Auf diese Weise erblickte Michelangelo Buonarroti 1475 das Licht der Welt im Provinznest Caprese, wo sein Vater als stolzer *podestà*, als Dorfchef von florentinischen Gnaden, amtierte. Umstritten und umkämpft zwischen der Metropole und den nominell von ihr abhängigen Städten waren weniger diese Pöstchen als vielmehr die tatsächliche Macht – Rechtsprechung und Steuerabschöpfung – auf dem Lande. Hier aber ließ sich, Beispiel wiederum Florenz, der um 1400 vorherrschende Rigorismus einer weitreichenden Enteignung zugunsten der Hauptstadt und ihrer Elite nicht aufrechterhalten. Am Ende arrangierte man sich, und zwar wiederum im Sinne eines Machttauschs – die oberste Machtebene ging an die Kapitale, die Dominanz im Alltag verblieb im Schatten des Kirchturms. Die Umrisse einer – von Teilen der Forschung als modern hervorgehobenen – regionalstaatlichen Neuordnung in der Renaissance zeigen sich dadurch eher vage.

Sehr summarisch gesprochen, änderte sich daran auch später, bis zum Beginn tiefergreifender Reformen im 18. Jahrhundert, nicht allzu viel. Gralshüter der Tradition waren nach der Mitte des 16. Jahrhunderts vor allem die Republiken. In ihnen lebten zahllose alte Sonderrechte unangetastet fort. Das galt nicht zuletzt für die Mutter aller Freistaaten, Venedig, das mit den vielen kleinen adeligen Herrschaften unter seiner Hoheit aufs harmonischste auszukommen wusste. Und noch eine Parallele zu den Signorien sticht ins Auge: Auch die republikanischen Führungszirkel unterschieden sich im Lebensstil immer unüberbrückbarer von ihren Mittelschichten – höfisches Leben blühte auch im Herzen der Republik.

5. Höfe und höfische Gesellschaften

Etappen der Hofbildung

Der Hof wurde im frühneuzeitlichen Europa Bühne und Instrument der Macht. Diese Entwicklung vollzog sich zuerst im Italien der Renaissance, und zwar am prägendsten in dessen ureigenster politischer Hervorbringung, der Signorie. Vor etwa 1430 bestand die unmittelbare Umgebung des Herrschers ganz überwiegend aus zivilen und militärischen Amtsträgern und Ratgebern sowie dem für standesgemäßen Alltag notwendigen Quantum an dienendem Personal. Stark schematisiert von der in der Renaissance einsetzenden Entwicklung abgehoben, war der ältere, gewissermaßen «vor-höfische» Hof durch konkrete Dienstleistungsfunktionen in Verwaltung, Rechtsprechung und Krieg bestimmt. Der darüber hinausgehende Aufwand hielt sich meist in engen Grenzen; zum exklusiven sozialen Ambiente wurde dieser ältere Hof nur kurzfristig, durch Empfänge, Hochzeiten und sonstige Festlichkeiten. Zogen sich solche Festivitäten länger hin, ist das den Chronisten regelmäßig erstaunte oder auch kritische Erörterungen wert.

Vor diesem Hintergrund hat die Forschung das ab dem zweiten Viertel des 15. Jahrhunderts durch Personalaufstockung rapide vonstattengehende Hofwachstum überwiegend als Zugewinn an zentralen Verwaltungspositionen, somit als Bürokratisierungsschritt gewertet. Eine genauere Aufschlüsselung der Neu-Höflinge schränkt diese Thesen wesentlich ein. Ganz oben rangierten die jetzt mehr oder weniger permanent an der Seite des *signore* weilenden Hofedelleute. Deren Stellung konnte im Einzelnen nahtlose Übergänge zum herrscherlichen Rat und Verwaltungsstab aufweisen, war aber insgesamt immer deutlicher von diesen Aufgabenbereichen abgehoben und somit verselbständigt. Mit anderen Worten: Die Präsenz heimischer wie auswärtiger Aristokraten am Hof wurde zu einem Zweck an sich, den sich der Herrscher einiges kosten ließ – Anwerbeanstrengungen, Gehälter und nicht zuletzt Unterhaltsaufwand. Vornehme Gesellschaft will stilvoll beschäftigt, unterhalten werden.

Aus den Zerstreuungs- und vor allem Repräsentationsbedürfnissen des Hofes erwuchs die höfische Kultur. Genügte hier früher eine Minimalausstattung – eine Handvoll passabler Trompeter und Lautenspieler zur Begrüßung vornehmer Gäste –, so wurden musikalische Darbietungen, Theateraufführungen, Jagdgesellschaften, feierliche Einzüge und ähnliche Spektakel, je länger das 15. Jahrhundert dauerte, desto mehr zu unverzichtbaren Bestandteilen des höfischen Lebens, das sie auf diese Weise in seinem Ablauf gliederten, in seinem Wesen prägten und zugleich funktional rechtfertigten. Wer hier mithalten wollte, kam nicht mehr mit Keller, Stall und Haushofmeistern alten Stils aus, sondern musste hochqualifizierte Fachleute mit entsprechendem Regiegeschick anstellen; unübertroffen ist in dieser Hinsicht Leonardo da Vinci (1452–1519), Hofingenieur, *maître de plaisir* und Festdekorateur der Sforza in Personalunion. Ausstattungsstücke des jetzt stark auf prestigeträchtige Außenwirkung hin berechneten Hofes waren in gewisser Weise auch die Gelehrten des neuen, an der Antike orientierten Typus, die Humanisten. Ihr Status am Hof sank im Laufe des 15. Jahrhunderts unleugbar ab – dem unerbittlichen Gesetz von Angebot und Nachfrage gemäß. Der intellektuelle Stellenmarkt nämlich begünstigte durch seine zunehmende Übersättigung die Arbeitgeber – die Mächtigen. Ein Federico da Montefeltro etwa fand die vielen von Schmeicheleien überquellenden Bewerbungsschreiben kaum je auch nur einer Empfangsbestätigung wert und ließ sich Prunkredenschreiber nur das absolut notwendige Minimum kosten. Nichts wäre daher verfehlter, als die von Herrschern der neuen Gelehrsamkeit verbal gezollte Reverenz auf deren lebende Vertreter zu übertragen. Einzelnen herausragenden Intellektuellen wie etwa Leonardo Bruni konnte spektakulärer sozialer Aufstieg gelingen, bis auf Platz zweiundsiebzig der florentinischen Reichtumsskala, doch waren das Ausnahmen von der Regel. Insgesamt waren die Anstellungs-

und damit Lebensbedingungen der meisten Humanisten nach der Mitte des 15. Jahrhunderts eher gedrückt.

Außer um Aristokraten und Humanisten wuchs der Hof der italienischen Renaissance, modern ausgedrückt, durch die vielen Serviceleistungen, die mit der standesgemäßen Versorgung der neuen Höflinge notwendig wurden. Die dafür reichlich angestellte Dienerschaft hatte darüber hinaus, wie von jetzt an im aristokratischen Europa allgemein, einen gewissen Eigenwert – ihre Anzahl, ihre Einkleidung, ihr Organisationsgrad wurde selbst zu einem Prestigefaktor. Wie sehr insgesamt die Außenwirkung und nicht die Verwaltungstätigkeit des Hofes dessen Ausbau bestimmte, geht daraus hervor, dass dieser in Mailand und Ferrara, also in ganz unterschiedlich großen Staaten, mit jeweils etwa fünf- bis sechshundert Personen annähernd gleich bestückt ausfiel. Weiterer Beleg für die vorrangig symbolische Bedeutung der Hof-Präsenz: Einheimische Adelige, die der Umgebung ihres Herrschers längere Zeit fernblieben, gerieten automatisch in den Verdacht vorsätzlicher Hof-Vermeidung und fielen in Ungnade, auch wenn sie in ihren Entschuldigungsschreiben ungefähr so erfinderisch waren wie die Schule schwänzende Kinder. Besonders reizbar reagierte Herzog Galeazzo Maria Sforza (1466–1476) auf derartige Absenzen. Bei seinem pompös gefeierten Weihnachtsempfang zu fehlen, kam einer Feindschaftserklärung gleich und zog Sanktionen nach sich. Professionelle Hofverweigerer waren vor allem die Herren der Kleinstterritorien; hier galt die unerbittliche Regel, wessen Hof ich frequentiere, dessen Vasall ich bin. Selbst Signori vom Rang Ludovico Gonzagas mussten sich vorm Hof als vornehmer Abhängigkeitsfalle in Acht nehmen.

Nähere Rückschlüsse auf den Hof als politisches Instrument lassen sich aus den Stadien seiner Entwicklung ableiten. Summarisch nach dem – in den Grundzügen verallgemeinerbaren – Modell der Este in Ferrara gegliedert, dehnte sich der Hof im Italien der Renaissance zwischen etwa 1430 und 1480 zwar kräftig aus, bewahrte dabei aber, was Lebensstil und Etikette betrifft, noch einen eher familiären Charakter. Das Bad in der Menge seiner zufriedenen Untertanen, das Borso d'Este ausweislich der um 1470 entstandenen Fresken seines Schifanoia-Palastes in Ferrara so ungezwungen und jovial zu nehmen pflegte, wich schon bald danach viel raffinierteren Auftritten des Herrschers. Höflinge wurden jetzt immer strenger nach aristokratischen Abstammungskriterien rekrutiert, höfisches Leben unterlag zunehmender Reglementierung und Ritualisierung, der Zugang zum Herrscher wurde strikter kanalisiert und limitiert – er blieb, immer häufiger aus der Entfernung, sichtbar, wurde aber, im Gegensatz zu Borso, dem *signore* zum Anfassen, schwieriger erreichbar.

Diese Entwicklung schlug sich in geschriebenen Hofordnungen wie der von Urbino nieder. Sie liest sich als Katalog genau definierter, streng eingeschärfter Pflichten und daraus abgeleiteter Rangstufen. Hofdienst, so verkündet sie, ist kein Beruf, sondern Berufung durch den Herrscher, der durch diese Erwählung ein unauflösliches, lebenslängliches Vertrauens- und Gefolgschaftsverhältnis mit ausgeprägt militärischen und sakralen Zügen begründet. Verrat am Herrn, und sei es nur durch leichtsinnige Übertretung von Verschwiegenheitsgeboten, wird zur Blasphemie, treuer Dienst nahezu zur Nachfolge der Apostel.

Auch bei dieser religiösen Überhöhung schritt der Musterhof der Este erfinderisch voran. Am Vorabend des Dreikönigsfestes zog Herzog Ercole (Regierungszeit 1471–1505) mit seinen vornehmsten Adeligen von Haus zu Haus, um milde Gaben für die Armen zu erbitten. Schon bei der ersten Wiederholung seines ursprünglichen Überraschungseffektes entkleidet, bot dieser vornehme Bettelumzug nun den Untertanen optimale Gelegenheit zu vielfältigen Ergebenheitsbekundungen. Je reicher ihre Almosen ausfielen, desto nachdrücklicher huldigten sie nicht nur der weltlichen Herrschaft, sondern auch der Frömmigkeit ihres Herrn, der sie zum guten Leben und zum ewigen Heil zugleich anleitete. Kein Wunder, dass bei dieser ebenso demütigen wie vornehmen *ventura* Jahr für Jahr regelrechte Viehherden und Käselaiblager zusammenkamen. Mindestens ebenso viel wie seine Untertanen aber gab und gewann der Herzog. Der öffentlichkeitswirksam zelebrierte Demuts- und Fürsorgeritus brachte ihm Armenpflege auf Kosten der Reichen, vor allem aber den Ruf eines christlichen Idealherrschers und damit eine Aura der Unantastbarkeit ein. Dieser Nimbus rundete sich vollends, wenn Ercole vor Ostern lebende Abendmahlsbilder inszenierte und dabei zwölf ausgewählten Armen selbst die Füße wusch. Fazit: Exzentrische Frömmigkeit wurde zielgerichtet zu komplexer Interaktion und medienwirksamer Kommunikation mit der Öffentlichkeit eingesetzt.

Das einzigartig intensive Musikmäzenatentum der Este komplettierte das Gesamttableau eines Hofes, der – sorgfältig auf Bedürfnisse und Mentalitäten abgestimmt – jedem das Seine bot: dem Volk anrührende Schauspiele frommer *caritas*, den höheren Kreisen ebenso zu Herzen gehende wie die Sinne überwältigende Gesangsdarbietungen. Dass in beiden Fällen der Herzog mitmachte, spiegelte die neue Aufgabenverteilung am Hofe wider: Herrschaftsausübung war zur Rolle in einem unendlichen Stück geworden, das Einstudierung bis in die letzte Geste hinein erforderlich und Privates öffentlich machte.

Der Hof als Bühne

Spätestens um 1500 war der Hof somit zur Schaubühne geworden, auf der sich sakrale und mondäne Schauspiele, Sehen und Gesehen-Werden vielfältig vermischten. Ließ sich ein auf den Ruf altväterlicher Volkstümlichkeit bedachter Herrscher wie Borso d'Este in den Schifanoia-Fresken noch als Ausrichter und interessierter Zuschauer eines *palio*, eines Pferdewettrennens zur Belustigung des Volkes, darstellen, so rissen spätere Feste Standesschranken nicht mehr ein, sondern bauten sie im Gegenteil weiter aus – durch immer sorgfältigere Unterscheidung zwischen Akteuren und Publikum, zwischen oben und unten. Dabei fiel dem Herrscher die tragende, seinen Höflingen die dienende, den übrigen Schichten, nach ihrem Rang abgestuft, die akklamierende und bewundernde Rolle zu – bei aller räumlichen und symbolischen Entfernung durfte die Kommunikation zwischen Hof und Volk doch nicht abreißen. Ausstattung und Requisiten der Bühne versinnbildlichten und vertieften das dargebotene Stück: Mit der Renaissance hatte die Stunde ausgeklügelter Herrschaftsurbanistik geschlagen.

Dieser symbolische Städtebau älteren Stils, wie er sich bis heute in Vigevano oder Carpi eindrucksvoll erhalten hat, platzierte den Palast des *signore* trutzig, ehrfurchtgebietend, herausgehoben aus dem Siedlungskern der Untertanen. Deren Crème wiederum scharte sich, überschaubar, gleichförmig und jederzeit zu Diensten, um die geometrisch angelegte zentrale Piazza und versinnbildlichte auf diese Weise eine ebenso hierarchische wie harmonische soziale und politische Ordnung. Diese Ensembles erweiterten sich mit zunehmender Exklusivität des Hofes um ein neues charakteristisches Hauptstück, die vorstädtische oder auch ländliche Residenz. Mit ihrer Lage außerhalb der Stadtmauern versinnbildlichte sie die jetzt immer stärker betonte Entrücktheit des Herrschers, sein Verweilen in einer Sphäre erhabener Abgeschiedenheit. Hier gelang Federico II. Gonzaga (Regierungszeit 1519–1540) der große Wurf. Mit seinen kostspieligen Stallungen hochgezüchteter Reitpferde und seinen ebenso kühn komponierten wie leicht verruchten Fresken stürzender Titanen und ausschweifender Satyrn bezeichnete der ab 1526 von Giulio Romano errichtete und dekorierte Palazzo del Tè vor den Toren Mantuas den unübertroffenen Höhepunkt stilvoller Zurückgezogenheit in Sichtweite der ehrfurchtsvoll staunenden Untertanen.

Auf einer weitaus elementareren Ebene war der Hof hoch, nicht selten bis zur Unbehaglichkeit verdichteter Lebensraum immer stärker rangmäßig voneinander abgesetzter Personen, die nicht nur immer ausgefeilterer Anleitung, sondern auch stetig vermehrter Unterhaltung bedurften. Das entsprechende Angebot des Hofes war damit weder «Verschwendung» noch Selbstzweck, sondern – über alle propagandistischen Außenwirkungen hinaus – in hohem Maße ein Steuerungsmittel für Verhalten und Mentalitäten einer Menschengemeinschaft mit immer weiterreichenden Repräsentationsaufgaben. Was schon zeitgenössischen kritischen Beobachtern wie Enea Silvio Piccolomini, dem späteren Papst Pius II., als Vergeudung von Lebensenergie und Talent durch ziellose Vergnügungen erschien, ist also nicht Spiel, sondern professioneller Ernst. Was sich spontan gab, war strategisch geplant. Auf diese Weise wurde der Hof der italienischen Renaissance zur Prägestätte eines neuen, seine Ressourcen zielgerichtet einsetzenden Menschentyps. Dieser Erlernbarkeit höfischen Lebens entsprechend, hatten Handbücher Konjunktur, die Idealbilder von Hof und Höfling zeichneten. In Baldassare Castigliones *Buch vom Hofmann* – ein europäischer Langzeit-Bestseller von seinem Erscheinen im Jahre 1528 an und u. a. bevorzugte Lektüre Kaiser Karls V. – fordert der Hof den ganzen, auch den innersten Menschen, ja dessen letzte psychische und emotionale Reserven im Dienst eines Herrn, mit dem der Höfling bei aller Selbstentäußerung und Selbstaufopferung zugleich feste klienteläre Bande webt – Hofdienst gegen Exklusivität und Privilegien. Dabei besteht die höchste Kunst konsequenterweise darin, Vereinnahmung als Freiwilligkeit, Entfremdung als Selbstverwirklichung auszugeben – der Hof lehrt nicht zuletzt die Technik der *dissimulazione*, der Verstellung.

Die Wirklichkeit dürfte prosaischer gewesen sein. Willenloses Geschöpf seines Herrn wurde der Adel weder am Hofe der Renaissance noch später, Ende des 17. Jahrhunderts, im Versailles Ludwigs XIV., dessen italienische Vorbilder durchaus erkennbar sind. Hofdienst und aristokratisches Standesbewusstsein, das immer auch ein gerüttelt Maß an innerer und äußerer Unabhängigkeit vermittelt, schließen sich nicht aus, im Gegenteil. Sieht man von den Kleinst-*signori*, die den Hof als Unterwerfungsort vermieden, als Sonderfall ab, dann gab der Hof dem Adel mindestens so viel, wie er ihm nahm. Die Einbußen an patriarchalisch-bodenständiger Selbstherrlichkeit machten der gesicherte Platz im Patronagezentrum der herrscherlichen Residenz und der Zugewinn an Vornehmheit allemal wett. Auch wenn der Löwenanteil des vom Hof erzeugten Prestiges dem *signore* zufloss, fiel auf dessen unmittelbare Umgebung doch mehr als ein Abglanz davon – Abhängigkeit und Nutzen waren also wechselseitig, das Hofleben war symbiotisch angelegt. Daraus aber folgte, dass der Herrscher, auch wenn er im Einzelfall weiterreichende Absichten hegen sollte, maximal eine gewisse Kontrollaufsicht über seine Elite, nicht aber deren dauerhafte Gefügigkeit gewann. Zugleich erlegte ihm sein Hof mühsame Pflichten auf. Ein aus der Sicht des *signore* erfolgreicher Hof wuchs nicht von selbst, sondern bedurfte der sorgsamen sozialen und geographischen Ausbalancierung. Die Faustregel der richtigen Hof-Mischung lautete ungefähr wie folgt: Man nehme, in jeweils repräsentativen Querschnitten, die Crème der hauptstädtischen Aristokratie und des übrigen Herrschaftsgebietes und versuche, die unvermeidlichen Unverträglichkeiten zwischen diesen potentiell verfeindeten Segmenten soweit wie möglich einzuschränken; darüber hinaus füge man als stabilisierendes Element eine kräftige, den etablierten Familien gerade noch zuträgliche Dosis neu aufgestiegener, ihrem Herrn daher besonders ergebener Männer hinzu und garniere das Ganze mit einer ansehnlichen Portion auswärtiger Edelmänner. Sie bilden eine unverzichtbare Abrundung, weil sie die Ausstrahlungskraft des Hofes anzeigen und ihn mit anderen Zentren sozial vernetzen.

Solche Anbindung gelang exemplarisch den Höfen, die als Pflanzstätten einer neuen, zugleich gelehrten wie aristokratischen Fürstenerziehung Elitennachwuchs aus ganz Italien anzuziehen vermochten. Kultstatus genossen in dieser Hinsicht Mantua und Ferrara, wo mit Vittorino da Feltre (1378–1446) bzw. Guarino da Verona (1374–1460) die beiden berühmtesten humanistischen Pädagogen ihrer Zeit wirkten, und danach das Urbino Federico da Montefeltros, der seine Ausbildung zum Modell-*signore* bei Vittorino erhielt, und seines chronisch kranken Sohnes Guidobaldo (1472–1508). Unter ihm vermehrte sich die aristokratische «Ausländerquote» allerdings so stark, dass der landsässige Adel zu murren begann.

Bedroht wurde das stets prekäre Gleichgewicht innerhalb der höfischen Gesellschaft jedoch häufiger durch unausgewogene Vertretung der heimischen Elite. So etwa wurde der Hof der Sforza in Mailand quasi von Beginn an als zu parvenühaltig, zu stark mit den Gefolgsleuten des neuen Herzogs, zu schwach mit Vertretern der großen Mailänder Familien besetzt kritisiert. Dieses Ungleichgewicht spiegelte jedoch nicht nur die Hofplanung des neuen Herrschers, sondern auch die Verweigerungshaltung zumindest eines Teiles der alten Oberschicht wider, die sich, wie etwa die Trivulzio, dagegen wehrten, mit Seiteneinsteigern hofgemein zu werden. Ein durch seine Leerstellen hervorstechender Hof wie der der Sforza, der auf Dauer an sozialer Schieflage laborierte, konnte als permanentes Sinnbild nicht integrationsfähiger Herrschaft zu deren akuter Gefährdung werden. Das positive Gegenstück aber versprach dem Herrscher, über die bessere Überwachbarkeit seiner mächtigsten Untertanen hinaus, vor allem drei Herrschaftsvorteile. Zum einen musste die Einbindung der Geburtselite in eine stetig verfeinerte Etikette deren kriegerischen, gewalttätigen Verhaltenskodex zivilisieren – siehe das erwähnte Beispiel der Colonna und Orsini an der Kurie nach 1550 – und damit Herrschaftsakzeptanz auf oberster Ebene befördern. Zum anderen half die räumliche Konzentration der einflussreichen Persönlichkeiten seines Territoriums dem Herrscher, den für seine Machtausübung ausschlaggebenden Patronagevorrang zu gewinnen und zu behaupten, konnte er doch die Netzwerke des Adels jetzt effizienter überschauen und bei Bedarf auch einreißen. Vor allem aber versah ihn sein Hof mit einem zu Festigung und Ausbau seiner Position dringend benötigten Verherrlichungs- und Verklärungspotential. Gemessen an den – in ganz Europa weitgehend toter Buchstabe bleibenden – theoretischen Entwürfen «absolutistischer» Herrschaft war das wenig, bezogen auf die tatsächlichen Grundlagen und Zielvorstellungen der Signorie eine ganze Menge.

Der Hof als Herrschaftsmittel

Mindestens ebenso intensiv wie nach innen aber war die Wirkung des Hofes nach außen berechnet, als Instrument der Diplomatie. Für Staatsgäste gegebene höfische Feste waren planvoll eingesetzte Schaurituale; sie sollten den Hof als perfekt geordneten Mikrokosmos darstellen sowie als Ruhmesmaschinerie des Herrn dessen Autorität zeigen und schraubten damit nach dem Prinzip Nachahmung und Übertreffen die Aufwandsspirale stetig nach oben. Was es materiell, organisatorisch, aber auch von der persönlichen Beanspruchung her bedeutete, Gastgeber eines italienischen Fürstenkongresses unter der Ägide des Papstes zu sein, erfuhren der Hof von Mantua und sein Haupt Marchese Ludovico Gonzaga 1459 am eigenen Leib. Aber auch wenn der Initiator der politisch wenig erfolgreichen, dafür umso mondäneren Veranstaltung, Pius II. Piccolomini, in seinen an Spott und Häme reichen Pontifikatsmemoiren genüsslich den (in der Familie Gonzaga erblichen) Buckel des Markgrafen und die peinlichen Beherbergungsengpässe vermerkt: Der enorme Prestigezugewinn Mantuas auf italienischer, ja internationaler Bühne durch dieses Ereignis steht außer Zweifel. Denn der Öffentlichkeit vermochte sich die (bis heute) kleine Stadt am Mincio als eine kultivierte, überparteiliche Freistätte des friedlichen und befriedenden Mächtedialogs zu präsentieren.

Dieser gerade von den kleinen höfischen Zentren auch in der Folgezeit sorgfältig gepflegte Ruf nationaler Kultur- und Ausgleichsstätten konnte in einem immer stärker von symbolischen Werten bestimmten System wie der italienischen Staatenlandschaft des 15. Jahrhunderts sehr wohl indirekte Schutzwirkungen entfalten und einer Stadt eine Art Quasi-Unantastbarkeit als schützenswertes Biotop verleihen. Wie viel ein solcher Nimbus wert war, wenn es wie ab 1494 hart auf hart ging, ist schwer zu veranschlagen. Pauschal ist der Stellenwert von Image, definiert als in den Köpfen der Mächtigen verbreitete Vorstellung vom Prestige der Konkurrenten, im Italien der Renaissance als hoch zu veranschlagen – die (im nächsten Kapitel ausführlicher erzählte) Moritat von Hochmut und Fall des ebenso schönen wie stolzen Herrn von Rimini, Sigismondo Malatesta, belegt diesen Stellenwert *ex negativo*.

Wie unverzichtbar der Hof geworden war, zeigte seine Übernahme in den ihm eigentlich fremden Kontext der Republik. Hier lässt sich die Gesetzmäßigkeit aufstellen, dass republikanisch auf Dauer nur das System blieb, welches der Hofbildung durch seine führenden Familien einen Riegel vorschob. Das geschah mit letzter Konsequenz nur in Venedig, wo die Selbstdarstellung der großen *nobili* strenger Kontrolle unterstand, nicht aber in Florenz, wo die Medici nach der Machteroberung des von ihnen geführten Netzwerkes nicht nur die neuen Propagandamedien der Zeit ausnutzten und ausweiteten, sondern auch in ihrem Stadtpalast in der *Via larga* und vor allem in ihren ländlichen Villen wie etwa in Poggio a Caiano nahe Prato höfisches Leben der elegantesten Art organisierten und praktizierten. Dabei kam ihnen ein einzigartiger Glücksfall zugute: Ihr Familienoberhaupt Lorenzo, genannt il Magnifico, war selbst ein ebenso produktiver wie kreativer Literat, dazu ausgewiesener Kunstkenner, der den Patriziern in seiner Umgebung ab den 1470er Jahren innovative Normen eines kulturell veredelten Verhaltenskodex vorzuleben vermochte, so wie er selbst von diesen Regeln geprägt wurde. Das war für den Inhaber eines Bankhauses nicht ohne Risiko. Sein Generalmanager Francesco Sassetti etwa, dessen Grabkapelle in S. Trinità Domenico Ghirlandaio 1485 vollendete, war wie sein Chef ein feinsinniger Mäzen, doch als Geschäftsmann alles andere als erfolgreich. Trotzdem blieb das finanzielle Fundament der Medici bis weit ins 16. Jahrhundert hinein solide, vor allem durch geschickte Ausgliederung von zentralen Teilen des alten Firmenkomplexes an treue Gefolgsleute ab 1478. Immer bedeutsamer wurde für Lorenzo de' Medici, offiziell «erster Mann» der Republik, aber ohne eigentliches Führungsamt, seine Rolle als Mittelpunkt eines höfischen Zirkels, in dem die Häupter der einflussreichsten Familien von Florenz vertreten waren. In diesem durch exklusiven Lebensstil und elitäres Selbstverständnis immer homogener zusammengeschlossenen Milieu ließ sich politische Patronage – das Hauptinstrument mediceischer Politik – erfolgreich ausüben, hohes persönliches Prestige zu regelrechtem Charisma steigern und als Summe des Ganzen ein Mythos in eigener Sache konstruieren – der Ruhm des alle Aktivitäten souverän koordinierenden Übermäzens, ja des Hervorbringers eines Goldenen Zeitalters des Friedens in Italien und der Kulturblüte in Florenz.

Auf der anderen Seite aber wurde der republikanische Hof Lorenzos neben dem Stadtpalast zum zweiten Brennpunkt eines politischen Systems, das sich vom Kreis zur Ellipse umformte und dadurch spannungshaltig, ja konfliktträchtig wurde, was wiederum eine reichhaltige Kultur der Beschwichtigung und Verschleierung hervorbrachte. Mit anderen Worten: Der Hof in der Republik war ein ebenso chancenreiches wie riskantes Experiment. Er hob seinen Mittelpunkt über die Mitbürger weit hinaus, erzeugte dadurch aber auch Ressentiments, Aufhol- oder sogar Rachegelüste.

Diese Erfahrungen machten wie so viele andere ihresgleichen die Bentivoglio als Schwellen-Signori von Bologna. Mit Sante (1424–1462) und Giovanni II. (1443–1508) standen sie hart an der Grenze zur formellen Einzelherrschaft in Bologna, ohne diese jemals zu überschreiten. Noch so groß angelegte Versuche, durch aufwendige Feste und Bauten die eigene Vorherbestimmung zu unumschränkter Herrschaft unter Beweis zu stellen, stimmten die führenden Familien nicht um – im Gegenteil, sie trugen zu deren gewaltsamen Gegenreaktionen bei, die sich 1488 und 1501 nur blutig unterdrücken ließen. Am Ende aber sprach das zwischenzeitlich erstarkte Papsttum ein Machtwort: keine echte oder verkappte Signorie in seiner zweitwichtigsten Stadt! Nach der zweiten und endgültigen Vertreibung der Bentivoglio durch die Truppen Julius' II. im Jahre 1512 fand Bologna – sprichwörtlich (durch seine Universität) gelehrt und (durch sein fruchtbares Umland) fett – bis zur napoleonischen Eroberung Italiens 1797 zur ihm gemäßen politischen Form einer untereinander wie mit der römischen Elite eng vernetzten lokalen Oligarchie unter lockerer Oberhoheit eines päpstlichen Legaten, der sich in der Regel weise mit einer Schiedsrichterrolle zwecks Ausgleichs- und Friedensstiftung begnügte.

Eine höfische Gesellschaft ganz eigener Art entwickelte sich in Rom ab dem letzten Viertel des 15. Jahrhunderts. Hier nämlich gab es außer dem päpstlichen Hof eine Reihe weiterer mit diesem und untereinander konkurrierender Höfe. Deren Mittelpunkt bildeten die reichsten und mächtigsten Kardinäle. In den Augen der europäischen Herrscher wie ihrem eigenen Selbstverständnis nach waren sie durch Ämter, Einkünfte und europäische Beziehungen Kleinherrscher mit beträchtlicher Autonomie gegenüber ihrem Herrn, dem Papst, und zudem Thronprätendenten in Lauerstellung, die sich für das nächste Konklave günstig zu positionieren versuchten. Auch sie fanden in Gestalt des kurialen Humanisten Paolo Cortesi ihren Schiedsrichter des guten Geschmacks, der ihnen mit seinem Traktat *De cardinalatu* (1510) ein Handbuch der ebenso eleganten wie dezenten Hofhaltung verfasste.

Die großartigsten dieser Kardinalshöfe wurden von Nepoten errichtet – der Palazzo Venezia von Pietro Barbo, dem Neffen Eugens IV. (und später als Paul II. selber Papst), die (später, nach Enteignung zugunsten der apostolischen Kammer, sogenannte) Cancelleriaia von Raffaele Riario, dem Nepoten Sixtus' IV. Sie verfügten nicht nur über schier unerschöpfliche Geldmittel, sondern hegten auch die kühnsten Pläne, nämlich selbst den Thron Petri zu besteigen. Immerhin fünf von ihnen gelang dieses Familien-Comeback. Außer Paul II. (1464–1471) waren noch Alexander VI. (1492–1503), Pius III. (1503), Julius II. (1503–1513) und Clemens VII. (1523–1534) nahe Blutsverwandte eines Pontifex maximus. Dann aber riss diese Serie unwiderruflich ab. Der Geist der katholischen Reform, der sich ab etwa 1535 auszubreiten begann, verbot solche Wiederholungen – das Papstamt gehörte dem Würdigsten, nicht einer Familie, so lautete jetzt die Botschaft.

Zwischenzeitlich hatte der Papst einen immer größeren Prestige- und Machtvorsprung vor seinen ehemaligen Machtkonkurrenten gewonnen. In einem ebenso simplen wie genialen Schachzug hatte Leo X. 1517 mit der Ernennung von einunddreißig neuen Kardinälen den Rang des Amtes und seiner Inhaber irreparabel herabgedrückt. Aber auch baulich war das Oberhaupt der Kirche uneinholbar davongezogen: Im unter Julius II. monumental ausgebauten Vatikan residierte jetzt ein Herrscher, der durch konsequente Ausnutzung seines stetig wachsenden Patronagevorrangs seinen Hof zum Maß aller Dinge am Tiber auszugestalten vermochte. Allerdings um einen hohen Preis: Dass im Belvedere-Hof des Vatikanischen Palastes ohne Scheu prunkvolle Ritterturniere ausgefochten wurden, befremdete keineswegs nur moralische Puristen. Ein Ende fanden diese mondänen höfischen Veranstaltungen erst nach 1565, gemessen an der dagegen laut gewordenen Kritik erstaunlich spät. Im 17. Jahrhundert aber wurde die *corte di Roma*, der päpstliche Hof, mit neuen Spiel- und Dezenzregeln wieder zu einem Zentrum mit Ausstrahlungs- und Anziehungskraft von höchstem europäischem Rang.

Was hatte eine Republik wie Venedig solchen Höfen entgegenzuhalten? Dreierlei, und zwar untrennbar verwoben. Zum einen besaßen die Venezianer eine Bühne, mit der auch die stolzeste fürstliche Residenz nicht zu konkurrieren vermochte: ihre Stadt. Wie absichtsvoll, ja weihevoll man sie in Szene setzte, zeigt der Bericht Philippe de Commynes über seine Reise nach Venedig, das er 1495 für die Pläne seines Königs Karls VIII. günstig stimmen soll. In der Staatsbarke von der See her auf die Schauseite der Republik, auf Dogenpalast und Markusbasilika, zufahrend, erlag selbst dieser abgebrühte Skeptiker dem Mythos der Stadt im Meer: Als sichtbares Sinnbild der Tüchtigkeit ihrer Erbauer und Bewohner, als Symbol von Eintracht und Unbezwingbarkeit der Venezianer erschien sie ihm. Diese aber hatten nicht nur unvergleichliche Kulissen, sondern auch eindrucksvolle Riten zu bieten. Das reich ausgebildete Dogenzeremoniell mit seinen prunkvoll zelebrierten symbolischen Verrichtungen, etwa der Vermählung mit dem Meer, gewährte reichlich Gelegenheit zur Entfaltung höfischen Glanzes um ein Staatsoberhaupt, das dabei nie als Herrscher eigenen Rechts, sondern immer als höchster Treuhänder der Republik ausgewiesen war. Dieselbe Botschaft, dass der Einzelne in eine durch Abstufung ausgewogene und gerechte Ordnung eingefügt lebte, verkündeten schließlich tagtägliche Umzüge und Prozessionen, wie sie Gentile Bellini in seiner berühmten Ansicht des Markusplatzes von 1496 festgehalten hat; religiös in Anlass und Charakter, ließen auch sie, etwa durch die Unterscheidung der vielen Ämterkollegien und Amtstrachten, das Wirken eines Staates hindurchscheinen, der jedem das Seine zu geben beanspruchte.

6. Herrschaftsbilder und Ruhmeshallen

Hofbilder und Hofkünstler

Als Dreh- und Angelpunkt der Selbstdarstellung nach innen und außen wurde der Hof selbst zum Gegenstand zielgerichteter Propaganda, zum Bildthema, und als solches zum Mittel der Selbstvergewisserung und Selbsterziehung einer höfischen Gesellschaft. Diese Aufgabe fiel den von Francesco Cossa, Ercole de' Roberti und anderen zwischen 1469 und 1471 gemalten Fresken im Palazzo Schifanoia schon durch die Zweckbestimmung des Ortes zu, an dem sie entstanden: Sie dekorierten einen Teil der Räumlichkeiten, in denen der Hof von Ferrara seine Feste und mit diesen sich selbst feierte.

Thema des Zyklus sind die zwölf Monate des Jahres, die sie regierenden Planeten und die ihnen zugeordneten Gottheiten. Diese paradieren über den dazugehörigen Tierkreiszeichen auf der obersten Ebene, triumphal, mit phantastischen Gerätschaften ausstaffiert und von Höflingen, wie sie sein sollen, umgeben. Ganz unten aber tummelt sich der Hof von Ferrara, dienstbar und nützlich, um seinen Herrn, Herzog Borso d'Este. Er ist der Held dieser Bilder, die Seele seines Staates, Mittel- und Ausgangspunkt einer gerechten sozialen und politischen Ordnung. Deren sinnreiches Gefüge verdeutlichen die Hintergrundszenen. Hier nämlich werden die im jeweiligen Monat anfallenden landwirtschaftlichen Tätigkeiten verrichtet, in einträchtigem Zusammenspiel der verschiedenen Gewerbe, von Jung und Alt. Und mittendrin immer wieder Borso – zur Jagd ausreitend, Recht sprechend. Bei ihren Festen hatten die Höflinge im Palazzo Schifanoia also ein gemaltes Lehrbuch mit sorgfältig aufeinander abgestimmten Lektionen über musterhaftes Verhalten und zugleich eine sinnfällige Unterweisung über ihren Platz in der Welt vor Augen. Die wohlgeordnete kleine Welt des Hofes von Ferrara fügt sich nahtlos in den Makrokosmos der Erde, des Himmels, der Gestirne und damit Gottes. Dienst am Hof Borsos, des gerechten, von den Gestirnen vorherbestimmten Herrschers, wird zum gottgefälligen Leben und sichert das ewige Heil.

Seine Herrschaftsausübung geschieht im Geiste robuster, patriarchalischer, unkomplizierter Gerechtigkeit und jovialer Volksverbundenheit. Das Idealbild des Hofes wird auf diese Weise rückwärtsgewandt, gegenwartsflüchtig, Beschwörung einer durch die Regierung Borsos bewahrten guten alten Zeit. Analog dazu ist der Geist, der die mythologischen Szenen der Fresken durchweht, aus Ritterromanen geschöpft. Geschichten von Artus und seiner Tafelrunde waren, wie Ausleihlisten belegen, die Lieblingslektüre der vornehmen Gesellschaft Ferraras. Wie in diesen fiktionalen Texten wimmelt es in den oberen Bildfeldern von Liebesgärtlein, innigen Treueschwüren und anmutigen musikalischen Darbietungen. Unten geht es nicht weniger harmonisch, doch dafür etwas derber zu. Waffenlos im Kreise seiner Untertanen geborgen, lacht Borso herzlich über die Possen eines Spaßmachers (Abb. 1). Er kennt sein Volk, mischt sich darunter, ohne sich mit ihm gemein zu machen. Und er respektiert seinen innigsten Wunsch, dass alles so bleiben möge, wie es ist – nur ein bewahrender, auf Modernisierung verzichtender Herrscher ist ein guter Herrscher.

Auch das verkünden die Bilder, zur Beruhigung der Gemüter. Zugleich zeigen sie eine besondere Form von Multikulturalität, nämlich die ungebrochene Anziehungskraft der nordfranzösisch-burgundischen Ritterwelt auf die Eliten im Italien der Renaissance. Dieser aristokratischen Sphäre wussten sich die Este überdies durch Abstammung und Verwandtschaft (etwa mit dem Geschlecht der Welfen) wie kein anderes Herrscherhaus verbunden. Somit verdeutlichen die Fresken im Palazzo Schifanoia allgemeingültige Wirkungsgesetze gemalter Propaganda: Um gebührenden Eindruck zu machen, muss sie auf einem harten faktischen Kern aufbauen, nach dem Grundsatz: «Ein jeder wuchere mit seinem Pfund». Das der Este war Alter und Vornehmheit. Auch wenn Cossas und Robertis Bilder geschmacklich schnell veralteten sowie sehr bald übermalt (und bis heute mühsam restauriert) wurden – die in ihnen angeschla-

Abb. 1: Francesco del Cossa, Monat April, Borso d' Este und der Spaßmacher, 1470 vollendet, Ferrara, Palazzo Schifanoia

genen Leitmotive prägten die Selbstdarstellung der Este bis zu ihrem Erlöschen.

Dieses aristokratische Stammkapital besaßen ihre Nachbarn in Mantua, die Gonzaga, nicht. Sie entstammten dem niedrigen Vasallenadel der Region, hatten sich unter anfechtbaren Umständen 1328 an die Macht geputscht und mussten ihr Prestige stärker in der Gegenwart suchen. Das emblematische Bild der Gonzaga, das die Vorstellung der Nachwelt wie kein anderes

Abb. 2: Andrea Mantegna, Marchese Ludovico Gonzaga empfängt einen Brief im Kreis seiner Familie und seiner Höflinge, 1474 vollendet, Mantua, Palazzo Ducale, Camera degli Sposi

geprägt hat, ist ein Freskenzyklus in der (erst später so genannten) Camera degli Sposi des Mantuaner Stadtschlosses, den Andrea Mantegna 1474 vollendete. Er zeigt die herrschende Familie nicht mythologisch oder historisch kostümiert, sondern im Hier und Jetzt (Abb. 2). Welche Augenblicke der Gonzaga-Zeitgeschichte genau dargestellt sind, darüber hat die ikonographische Forschung lange gestritten. Außer Frage steht, dass eine der Fresken die Begegnung des Marchese Ludovico Gonzaga mit seinem Sohn Francesco zeigt, den Pius II. 1461 zum Kardinal erhoben hatte – die Gastgeberrolle beim Fürstenkongress zwei Jahre zuvor zahlte sich aus. Welchen Brief aber liest Ludovico im Kreise seiner Familie und vertrautesten Höflinge? Dass dem Markgrafen die Nachricht vom Kardinalshut für Francesco überbracht wird, lässt sich nach bloßem Augenschein ausschließen. Die Mienen der harmonischen Runde zeigen nicht Freude oder Genugtuung, sondern überwiegend ernste Sammlung, wie sie den Empfangern einer schicksalsschweren Botschaft wohl ansteht. Frohe Post aus Rom wäre zudem nicht so unerwartet eingetroffen wie dieses Schreiben, das per Sonderkurier einem noch ganz leger, in Hausgewand und Pantoffeln gekleideten Herrscher überreicht wird. Um ihn, den Auftraggeber der Bilder, geht es, er ist ehrenvoll gefordert: Francesco Sforza – so dürfte er, den Forschungen Signorinis zufolge, mit an Sicherheit grenzender Wahrscheinlichkeit soeben erfahren – liege im Sterben, die Anwesenheit Ludovicos, seines treuesten Paladins und *condottiere*, am Hof von Mailand sei dringend erforderlich – als Krisenmanager, ja als Retter in der Not, als Ordnungsstifter auf italienischer Bühne.

Alles blinder Alarm, wie sich schnell zeigte, der Herzog von Mailand hatte noch einige Jahre zu leben. Obwohl *de facto* folgenlos, war die Begebenheit dem Marchese von Mantua bedeutsam genug, um zum Ausgangspunkt und Aufhänger repräsentativer Selbstdarstellung zu werden, und zwar ihres im Gonzaga-Interesse ausgestaltbaren Gleichnisgehalts wegen. So wird der Schrecken am frühen Morgen zum Stoff, aus dem die ruhmvollen Träume sind, zur Parabel immerwährender Treue und Redlichkeit eines *signore*, seiner Familie und seines Staates. Mögen andere fremde Not schnöde zu eigener Expansion ausnutzen, auf den Herrn von Mantua ist unwandelbar Verlass – auf allen Ebenen. Loyal zu seinem großen Verbündeten, ist er durch die Erhebung seines Sohnes in den Senat der Kirche als deren treuer Sohn ausgewiesen und schließlich, wie die traute Versammlung versinnbildlicht, seinen Kindern und seinen Untertanen ein fürsorglicher Familienvater, kurz: die ideale Verkörperung eines politischen Systems, das auf wechselseitigem Vertrauen beruht. An diesem Hof, so die Bildbotschaft, herrscht die heitere Geselligkeit einer ebenso einträchtigen wie hierarchisch geordneten Menschengemeinschaft, der Gesittung zur zweiten Natur geworden ist. Gegen jedes Über-die-Stränge-Schlagen und Aus-der-Rolle-Fallen von innen gefeit, lässt dieser menschlichste und zugleich gesetzteste aller Höfe sogar die karnevalsgleiche Scheinumkehr von oben und unten zu – lachende Dienstboten weiblichen Geschlechts sehen, über eine Brüstung gelehnt, auf ihre Herrschaft herab. Diese vergibt sich dabei nichts, so sehr ist sie sich in aller Gelassenheit ihrer Autorität bewusst. Erziehung in Mantua setzt nicht auf rohe Repression, sondern auf die Kraft der Selbstausbildung. Dazu gehört auch affirmative Ironie, die Distanz zu sich und der eigenen Rolle schafft – um sie desto besser zu spielen. Treue verkörpert im Übrigen auch der Hofhund mit den Schlappohren. Wie jedes Lebewesen im Schloss hat auch er, Rubino genannt, seine Pflichten, nämlich dem vielbeanspruchten Marchese gute Laune zu bereiten. Auch wenn der Vierbeiner, wie die Hofkorrespondenz zu berichten weiß, gelegentlich seinen animalischen Instinkten freien Lauf lässt und das Weite sucht, hat er diese Aufgabe doch treulich erfüllt – bei seinem Tod ist ihm ein würdiger Nachruf der Markgräfin sicher.

Sie, Barbara von Brandenburg, ist im Bild als gleichberechtigtes zweites Haupt des Hofes dargestellt, und das nicht von ungefähr. Zum einen hat die Fürstin eines italienischen Mittelstaates einen weitgesteckten Aufgabenbereich; als Gattin eines vielbeschäftigten *condottiere-signore* agiert sie über weite Strecken als dessen heimische Statthalterin. Humanistische Erziehung wird dieser Rollenverteilung gemäß gerade in Mantua auch den Töchtern des Herrschers zuteil. Darüber hinaus ist die Marchesa als Kind eines Kurfürsten des Heiligen Römischen Reiches ein lebender Prestigetitel der Gonzaga. Von deren Ebenbürtigkeit mit gekrönten Häuptern haben die Bilder noch mehr zu verkünden. Der auf höfischem Parkett bewanderte Betrachter erkennt die (nachträglich eingefügten) Porträts Kaiser Friedrichs III. und König Christians I. von Dänemark, der auf seiner vielbestaunten Romfahrt 1474 zweimal bei seiner Schwägerin in Mantua Station machte. Geachtet und geschätzt von den Großen seiner Zeit, Garant gerechter Verträge, eines geordneten Gefüges im Inneren und eines gesamtitalienischen Gleichgewichts nach außen, tritt Ludovico in den Fresken der Camera degli Sposi als Idealherrscher eines selbstgeschaffenen Mikrokosmos hervor, in dem jedem der ihm gemäße Platz angewiesen und Hofdienst daher letztlich Gottesdienst ist.

Im Verhältnis zur Ausstattung des Palazzo Schifanoia markieren die ungefähr gleichzeitig entstandenen Fresken Mantegnas, so ähnlich ihre Aussage in manchem auch ausfallen mag, in zweifacher Hinsicht einen Entwicklungsschub. Zum einen hat der gemalte Hof von Mantua gegenüber der robusten Bodenständigkeit Borso d'Estes ein immenses Mehr an Etikette, an Selbstdisziplin, an Vornehmheit, mit einem Wort: an höfischer Zivilisiertheit dazugewonnen und ist doch von der alle Lebensbereiche durchdringenden Inszenierung des Hofs um 1500 noch weit entfernt – in dieser Hinsicht ist das gemalte Bild des Hofes für dessen reale Entwicklung aussagekräftig.

Ungleichzeitigkeit des Gleichzeitigen sticht auch auf der Seite der in Ferrara und Mantua tätigen Künstler hervor. Wurden Francesco Cossa und Ercole de' Roberti nebst Gehilfen noch als handwerkliches Kollektiv angestellt und bezahlt, so war Andrea Mantegna (1431–1506) als Hofkünstler eines neuen Typs aus dieser Bindung an die Zunft in eine gehobenere, aber auch exponiertere Position aufgerückt. Sein Aufstieg spiegelte den stark erhöhten Stellenwert von Propaganda im Allgemeinen und die zunehmende Eigendynamik des Mediums über die Message hinaus: Kunstwerke von Meisterhand rückten jetzt zu prestigeträchtigen Kultobjekten auf, Eigenhändigkeit wurde zum Eigenwert. Zur selben Zeit wertete die humanistische Kunsttheorie den Auftraggeber zum Mithervorbringer, ja geradezu zum *Spiritus rector* des kreativen Prozesses auf – nach dem Muster, dass nur wahre Herrscher von Gott die Gnade verliehen bekamen, Genies zu erkennen und zu fördern. Auf diese Weise wurde Mäzenatentum als Legitimationsausweis zur Herrscherpflicht.

Den Künstlern konnte es recht sein. Mantegna etwa vermochte seinen italienweiten Ruhm ab 1459 in vorteilhafte Anstellungsbedingungen umzumünzen: ein stolzes Jahresgehalt von vierhundert *fiorini* jährlich, dazu geldwerte Vergünstigungen wie kostenloses Brennholz und Gratisbeförderung auf den öffentlichen Schifffahrtswegen etc. Wohnhaus und Grabkapelle des Malers in Mantua zeugen bis heute vom ansehnlichen Status, der sich damit erwerben ließ. Mantegnas Briefe hingegen schildern sein Leben am Hof der Gonzaga als wahres Jammertal. Seine Nachbarn mussten zudem erfahren, dass mit dem chronisch übellaunigen Meister nicht gut streiten war; im Ernstfall hatte er schnell bezahlte Schläger bei der Hand. Zugewinne an Rang, Einbußen an Freiheiten: Die Gonzaga hatten das Recht des ersten Zugriffs auf die Produktion ihres Hofkünstlers, für große Aufträge von außen bedurfte er ausdrücklicher Freistellung. Besonders zielgerichtet ausgebeutet wurde sein Renommee in der übernächsten Generation, von Isabella d'Este (1474–1539), durch Heirat mit Francesco II. (Regierungszeit 1484–1519) Marchesa und unbestrittene Herrscherin Mantuas im Bereich Kulturpatronage (und nicht nur dort). Hier hat sie eine «Kulturpolitik» der eigenen, eisernen Art verfolgt – strikt am Prestige der Gonzaga und ihres Staates ausgerichtet.

Die ihrem Agenten in Venedig, einem gewissen Lorenzo da Pavia, geschickten Briefe spiegeln ihr Mäzenatentum der harten Bandagen und die dabei gültigen Prioritäten allen späteren «Vergeistigungen» spottend wider: Möglichst bekannte Künstler (ganz oben auf der Liste standen Berühmtheiten wie Leonardo da Vinci und Giovanni Bellini) sollten möglichst kostengünstig, möglichst schnell und vor allem möglichst widerspruchsfrei ihre Vorstellungen in Farben umsetzen. Wer sich diesem dreifachen Befehl nicht fügte, musste mit Unannehmlichkeiten rechnen: mit Rückforderungen von Vorschüssen, im schlimmsten Fall sogar mit Inhaftierung. Die kostbarsten der so beschafften Werke stellte Isabella in ihrem Studiolo aus, einem Schauraum, der illustren Besuchern auch unaufgefordert vorgeführt wurde. Dort trugen die emsig zusammengetragenen Trophäen untereinander einen Wettbewerb aus, der nicht nur in Mantua als höfisches Fragespiel beliebt war: Wer malt am schönsten im ganzen Land? Seinen Spitzenplatz auf dieser Skala konnte Mantegna – wie noch der junge Dürer bei seinem Italienaufenthalt bezeugt – bis ins hohe Alter behaupten. In der Tat ist sein Stil im Verhältnis zu den Schifanoia-Fresken mit ihren zierlichen, formelhaften Figuren und ihrer geringen Raumtiefe erregend modern. Hatten die Pioniere des frühen Renaissancestils Masaccio (1401–1428) und Piero della Francesca (1410/20–1492) die zentralperspektivische Darstellung entwickelt bzw. weiter ausgebildet und in Traktatform theoretisch erörtert, so wurden diese Errungenschaften vom Hofmaler der Gonzaga geradezu virtuos perfektioniert. Besonders berühmt und von Kennern geschätzt sind seine kühnen Ansichten von unten, dazu seine antikisierenden Stilisierungen von Personen und Dekor, die zusammen seinen Bildern monumentale Wirkungen gepaart mit höfischer Eleganz verleihen – eine für die Malerei im letzten Viertel des 15. Jahrhunderts zukunftsweisende Formel.

Das Pantheon der Malatesta

Wie sehr die Selbstdarstellung der Mächtigen im Italien der Renaissance vom Herrschaftskontext, das heißt von den historisch gewachsenen Machtgrundlagen, der Machtrechtfertigung und konkreten Machtausübung, aber auch vom individuellen Selbstverständnis des Machthabers geprägt wurde, verdeutlicht der im sechsten Jahrzehnt des 15. Jahrhunderts vorgenommene Umbau der Franziskanerkirche von Rimini zum Mausoleum und Pantheon der Malatesta im Allgemeinen und ihres regierenden Sprosses, Sigismondo Pandolfo (1417–1468), im Besonderen. Von einem Augenblick zum anderen weitgehend aufgegeben und bis heute nicht fertiggebaut, hat der Tempio Malatestiano als halbe Bauruine hohen Symbolwert – die Geschichte seines Bauherrn spiegelt sich in ihm, genauer: dessen Scheitern. Auch auf ästhetischer Ebene wird keine Einheit erreicht. Die klaren antikisierenden Linien des humanistisch gebildeten Gentleman-Architekten Leon Battista Alberti (1404–1472), der zwar Pläne lieferte, zum staubigen Getriebe der Baustelle aber vornehm Distanz hielt, harmonieren zwar aufs Beste mit dem Fresko Piero della Francescas (1451) im Inneren, weniger aber mit dem weich fließenden, auf dekorative Wirkungen hin berechneten plastischen Schmuck Agostino di Duccios (1418–1481). Ärgernis bei Zeitgenossen und Nachwelt aber erregte nicht diese Stilmischung. Ihnen stieß die Aussage des unvollendeten Gesamtkunstwerks übel auf. Dass auf dem Sarkophag von Sigismondo Pandolfos (dritter!), während des Baus durchaus noch lebendiger Gemahlin Isotta degli Atti eine den Heiligen vorbehaltene Abkürzung («D» für «*Divae*») prangt, vermerkte nicht nur Sigismondos Todfeind Papst Pius II. als überaus anstößig. Solche Ungehörigkeiten bzw. Ungeheuerlichkeiten legen den Verdacht nahe, dass hier ein ungläubiger, ja ein ketzerischer Auftraggeber am unfrommen Werk war; Pius II. verbreitete diese Version mit viel Erfolg in der italienischen Öffentlichkeit. Davon kann bei unvoreingenommener Betrachtung der Ausstattung keine Rede sein; die im Innenraum vorherrschenden Motive – Freie Künste, Planeten, Sibyllen – gehören zum ikonographischen Standardrepertoire der Zeit. Grenzverletzungen gibt es dennoch; sie betreffen das Verhältnis von Individuum und Gemeinschaft. Als Grablege der Malatesta insgesamt konzipiert, wird der Tempio Malatestiano zur Projektionsfläche eines regelrechten Personenkults, schrankenloser Verherrlichung eines Einzelnen, der in mehrfacher Hinsicht seinen Rang überschätzt und seinen politischen Platz verkennt.

Für eine ursprünglich kleinadelige Familie vom Lande wie die Malatesta, die nach der Machteroberung in Rimini anderthalb Jahrhunderte lang ihre Herrschaft in der Region durch zähe Kämpfe und *condottiere*-Dienste ausgebaut hatte, bot sich eine Selbstdarstellung mit ausgeprägt feudalen und militärischen Zügen von selbst an. Dementsprechend erhält der Schau-Sarkophag der Vorfahren, der die in der alten Kirche getrennt bestatteten Gebeine der verstorbenen Malatesta symbolisch vereinen soll, eine an spätgotischen nördlichen Vorbildern orientierte Gestalt. Doch obwohl die darauf angebrachte Inschrift den unvergleichlichen Verdiensten der Väter huldigt, kann die prunkvolle Sammelgrablege auf zeitgenössische Betrachter kaum pietätvoll gewirkt haben. Der religiös-moralischen Norm der *pietas* nachzukommen bedeutete, sich selbstlos als ein Glied unter vielen einzuordnen in die Abfolge der Generationen, deren Ruhm selbstvergessen zu mehren und das gemeinsame Schicksal aus den Händen der höheren Mächte demütig anzunehmen. Dieses Verhältnis aber ist hier allzu sichtbar ins Ungleichgewicht geraten: Die Großbuchstaben SI – Sigismondos und Isottas zur Einheit verschlungene Initialen, aber auch als sein Namensanfang alleine lesbar – haben das Familienwappen regelrecht überwuchert. Sein nicht weniger als viermal gemeißeltes Marmorrelief leitet den Besucher wie ein Ruhmes-Steuerzeichen durch die Kirche. Gekoppelt wiederum mit der SI-Sigle, verkünden die in gleichfalls irritierender Häufung vertretenen Malatesta-Elefanten seine ganz individuelle Größe. Machen sie die Kirche zu einem regelrechten heraldischen Zoo, so liest sich die weitere Ausschmückung, je nach Einweihungsgrad des Besuchers, wie eine durchgehende Erzählung vom Ruhm aller irgend verfügbaren Sigismunde und damit wie eine Verherrlichung des einen unvergleichlichen Sigismondo. Auf einem Relief besteht eine höfische Romangestalt namens Sigismund Seeabenteuer, deren tieferen Sinn ein vom sicheren Ufer aus zusehender Elefant signalisiert.

Und auf Piero della Francescas Fresko kniet der hochgemute *signore* vor dem heiligen Sigismund im Gebet, der als König von Burgund im fernen 6. Jahrhundert lebte, doch wiederum einen anderen, aktuelleren Sigismund meint (Abb. 3): Er trägt die Gesichtszüge Kaiser Sigismunds, welcher den jungen Sigismondo Malatesta 1433 zum Ritter geschlagen hatte – auch hier führen alle Ruhmeswege zum Auftraggeber zurück. Statt frommer Anbetung des heiligen Patrons beherrscht höfische Konversation die Szene. Zu diesem Zweck hat Sigismondo seine riesenhaften Hofhunde, Symbole ritterlicher Treue wie aristokratischen Ranges, und sicherheitshalber auch noch sein wehrhaftes Schloss mit ins Bild gebracht, das durch unüberwindliche Festungsmauern seine unvergleichliche militärische Tüchtigkeit verherrlichen soll. Das damit angeschlagene Reklamemotiv für einen anmietbaren Feldherrn wird schließlich in einem Relief weiter gesteigert, das einen Triumph im altrömischen Stil zeigt. Unumschränkte Herrschaft drückt ziemlich unzweideutig auch eine (als Sternzeichen des Krebses zu verstehende) Riesenkrabbe aus, die die Silhouette von Rimini eher besitzergreifend umklammert als liebevoll umarmt.

Damit aber klafften reale und virtuelle Welt unüberbrückbar auseinander: Sigismondo Pandolfo war nicht Vasall des Kaisers,

Abb. 3: Piero della Francesca,
Sigismondo Pandolfo Malatesta im Gebet vor dem hl. Sigismund,
1451, Rimini, Tempio Malatestiano

sondern Vikar des Papstes, nicht Herrscher von eigenen Gnaden, sondern auf den Konsens seiner heimischen Elite angewiesen, nicht Herr einer Großmacht, sondern ein mittleres Glied in einem komplexen klientelären Gefüge, mit einem Wort: nicht autonom, wie der Tempio Malatestiano glauben machen wollte, sondern abhängig. So aber passt auf einmal doch alles zusammen – Verachtung aller Bindungen, chronische Illoyalität des *condottiere* gegenüber seinen Auftraggebern, Unfähigkeit zur Einhaltung von diplomatischen Spielregeln scheinen der schrankenlosen Selbstverherrlichung in der kreuzlosen Kirche zu entsprechen. Und bevor er sich versah, trug Sigismondo Pandolfo den Makel des politischen Spielverderbers. Dem sich so chevaleresk gebenden Krieger wurden auf einmal ganz unritterliche Geschichten sexueller Belästigung vornehmer Damen nachgesagt. Gegen diese absurden Gerüchte konnte er sich noch so vehement zur Wehr setzen – Italien im Zeichen von Lodi brauchte einen Sündenbock, eine Inkarnation der Gegenwerte. Und auch sein Tempel sprach gegen ihn. Aus heutiger Sicht bezeugt er, wie Herrschaftspropaganda kontraproduktiv wurde.

Herrschaftsmanifeste im Vatikan

Positiv gewendet: Es kam darauf an, Verherrlichung mit Augenmaß vorzunehmen, einen realen Kern kunstvoll einzukleiden, eine als solche noch erkennbare Wirklichkeit effektvoll zu verklären. Dabei waren dem Papsttum der Renaissance noch viel schwierigere Aufgaben gestellt als seinem verlorenen Sohn in Rimini: Den abstrakt, durch biblische Einsetzungsworte begründeten, weltumspannenden doppelten Herrschaftsanspruch des Papsttums über die Sinne in Herzen und Hirne einzuflößen und dort zu verankern – so lautete das Programm Nikolaus' V., der dabei auf die Überzeugungsmacht prunkvoller Bauten setzte. Die Umformung der Stadt Rom zum Sinnbild päpstlicher Allmacht aber schritt vorerst nur langsam voran. Der Neubau der Peterskirche blieb zweimal rasch stecken, Mitte des 15. Jahrhunderts wie nach der Grundsteinlegung 1506. Zum Spiegel seiner Auftraggeber und ihres Hofes im 16. Jahrhundert wurde das kolossale Architekturprojekt dabei in ganz anderer Weise als beabsichtigt. Die vielen Planänderungen von Bramante zu Raffael über Antonio da Sangallo (1536) zu Michelangelo, der ab 1546 das lukrative Amt des Chefarchitekten von St. Peter innehatte und bis zu seinem Tod achtzehn Jahre später die Kuppel bis zum Tambour emporzog, reflektierten recht unmittelbar das schwierige und über längere Zeit auch stagnierende Streben nach einem reformierten, das heißt stärker geistlich-asketisch geprägten Verständnis des Papstamtes und nicht minder das Ringen um eine neue Selbstdarstellung nach außen. Die schließlich 1626 geweihte Basilika spiegelte Bramantes bzw. Michelangelos ursprüngliches, für die Architektur der Hochrenaissance so bezeichnendes Zentralbau-Konzept nur noch sehr unvollkommen wider – das dem Plan zugrunde gelegte griechische

Kreuz mit seinen gleichlangen Armen um die gewaltige Kuppel und den monumentalen Vierungspfeilern entsprach nicht tridentinischen Korrektheitsregeln, die den Anbau eines Langhauses und die Auffüllung der reinen antikisierenden Architekturformen mit Statuen erforderlich machten.

Schneller als in der Dreidimensionalität des Raumes ließ sich päpstliche Propaganda im gefügigen, rasch verfügbaren Medium des Bildes produzieren. Erstes großes Manifest in Farben sind die von einem toskanisch-umbrischen Maler-«Kollektiv» unter Leitung Peruginos 1481/83 gemalten Wandfresken der Sixtinischen Kapelle; sie aktualisieren die biblische Thematik – Szenen aus dem Leben Moses und Christi – durch Bildtitel, Architekturelemente, Inschriften und Porträts, vor allem aber durch die Auswahl der Szenen und die zwischen den Lebensgeschichten hergestellten Bezüge. Speziell Botticellis Fresko der «Rotte Korah» und der «Bestrafung der Aaron-Söhne» wird mit seinen wirkungsvoll verdichteten Erzählsequenzen zu einer durchsichtigen Parabel erregender Zeitgeschichte des 15. Jahrhunderts. Sie berichten von ebenso frevelhafter wie vergeblicher Rebellion gegen das Haupt des Gottesvolkes und seine umfassende Vollmacht als Gesetzgeber, politischer Führer und höchster Priester – wie einst gegen Moses, so heute gegen den Papst. Durch göttliche Intervention zerschmettert werden, so die Botschaft, zusammen mit den Aufrührern in der Wüste die Unruhestifter der Gegenwart, machtlüsterne Konzilien und Kardinäle – zur Warnung aller Möchtegern-Usurpatoren und Stachellöcker in der Zukunft.

Welche finsteren Motive die Rebellen einst wie jetzt beseelen, wie kläglich sie gegen die übernatürliche, da von Gott geschützte Macht des Stellvertreters Christi auf Erden anrennen und an ihr zuschanden werden, das alles und viel mehr zeigt noch viel eingängiger die Abfolge der von Raffael und seinen Schülern ab 1508 ausgemalten Stanzen, der päpstlichen Empfangs-, Repräsentations- und Ratsräume im Vatikan. Auch sie künden leitmotivisch von Anfechtung und glanzvoller Behauptung, Bedrohung und Triumph des Papsttums, das himmlische Heerscharen durch die schiere Kraft des Gebets gegen

Abb. 4: Raffael, Die Vertreibung des Heliodor aus dem Tempel zu Jerusalem, 1511/12, Vatikan, Stanze

seine irdischen Bestreiter in Marsch zu setzen vermag und dadurch im sicheren Besitz übergeschichtlicher Unerschütterlichkeit ist.

Aus der dichten Reihe dieser Geschichten sticht das Fresko vom gescheiterten «Tempelraub des Heliodor» in mehrfacher Hinsicht hervor – durch die dramatische Bewegtheit seiner Komposition, den sichtbaren Einbruch der Gegenwart in eine anderthalbtausend Jahre zurückliegende Begebenheit, die Kühnheit der Textumsetzung und schließlich durch den schon von den Zeitgenossen wahrgenommenen Bezug zur aktuellsten Zeitgeschichte (Abb. 4). 1511 nämlich versammelten sich die von Rom abtrünnigen Kardinäle auf Einladung des französischen Königs zu einem Gegenkonzil in Pisa – dort herrschte also wie im Tempel zu Jerusalem aus päpstlicher Sicht Verrat, der aus dem Innersten der Kirche kam. Der Kampf des Bösen gegen die Kräfte des Guten wiederholt sich von Anbeginn der Zeiten bis zu deren Ende; um das Aufzeigen dieser übergeschichtlichen Gesetzmäßigkeiten geht es bei dieser Parallelisierung von Einst und Jetzt. So wie das Gebet des Hohepriesters – im zweiten Buch Makkabäer ist es stattdessen das Flehen des im Fresko zum kopflosen Statisten degradierten Volkes! – postwendend den züchtigenden Engel herbeizitiert, so gebietet der Papst in der Gegenwart über dieselben unfehlbar wirksamen Hilfsmittel gegen seine Feinde. Das bezeugt der kriegerischste aller Päpste, Julius II., durch seinen von Schweizer Söldnern gesicherten Einmarsch ins Bild unmissverständlich, nicht zuletzt durch seinen grimmig-wissenden Blick auf das immergleiche hier gespielte Stück. Unveränderlich wie der ewige Kampf zwischen Gut und Böse sind Würde und Rang des Papsttums als Richter und Maßstab der Geschichte – diese Botschaft wird in den zahlreichen päpstlichen Auftragsbildern der Folgezeit staccatohaft wiederaufgenommen. Ab den 1530er Jahren, parallel zur einsetzenden katholischen Reform und vollends während des Konzils von Trient (1545–1563), wurde dieser Vorrang vor allen Mächten dieser Erde immer mehr als Sieg der Gekreuzigten über die Kreuzigenden, durch das siegreiche Blut der Märtyrer begründet und eingekleidet, doch dabei um kein Jota vermindert.

Für eine ältere Kunstwissenschaft im Stile Jacob Burckhardts, die den Normen idealer Schönheit verpflichtet ist, sind Raffaels vatikanische Fresken unwiederholbarer Gipfelpunkt nicht nur der Hochrenaissance, sondern der Malerei überhaupt. Unter nüchternem historischem Blickwinkel sind sie vor allem in zweifacher Hinsicht bemerkenswert. Sie sind in einer Phase der Kalamitäten Italiens, allerdings fernab der blutigen Schlachtfelder, entstanden und machen *en passant* deutlich, wie unabhängig voneinander Geschichte und Stilentwicklung verlaufen. Von einer Eigengesetzlichkeit der Kategorien Geschmack und Ästhetik in der Renaissance kann dennoch nicht die Rede sein, dazu gingen die Vorgaben der Auftraggeber bzw. ihrer humanistisch gebildeten Ratgeber zu bestimmend in Inhalt und Gestalt von Kunstwerken mit ein.

Unter diesem Gesichtspunkt lässt sich im Rom Julius' II. mit seinem ebenso intensiven wie politisch motivierten Mäzenatentum geradezu von einem kulturpolitischen Reizklima sprechen, das begabte junge Künstler durch anspruchsvolle Aufgaben, nicht zuletzt durch Verdichtung komplexer Verherrlichungsmotive, zur Ausbildung neuer Formen und Lösungen stimulierte. Dabei fanden sie, wie die kurze Vita Raffaels (1483–1520) modellhaft bezeugt, Zugang in die exklusiven Zirkel von Kirchenfürsten und Aristokraten, in denen die römische Hofluft wehte, und in kaum weniger elitäre humanistische Kreise, wo ihnen im neoplatonischen Geiste als quasigöttlichen Hervorbringern unvergänglicher Schönheit eifrig literarisch gehuldigt wurde. Auch ohne festen Bindungen im Stile Mantegnas zu unterliegen, wurde der erfolgreiche Künstler auf diese Weise unverzichtbarer Teil des höfischen Ambientes. Im Gegensatz zu seinem jüngeren Rivalen Raffael hatte sich Michelangelo (1475–1564), der lebenslang als florentinischer Gesinnungsrepublikaner und Savonarola-Anhänger den Häuptern der Kirche gegenüber skeptisch bis kritisch eingestellt blieb, dieser Vereinnahmung zu entziehen vermocht und die Produktion unverhüllter Propagandakunstwerke, etwa Herrscherporträts, konsequent verweigert. Sein malerischer Tribut an die medicilose Republik nach 1494, das Fresko der Schlacht von Cascina, hat das Regime, welches es verherrlichen soll, nicht überlebt.

Gemalte Propaganda für Republik und Prinzipat

Das umfassendste jemals in Farben verkündete Manifest der wohlgeordneten Republik als bester Staats- und einzig humaner Lebensform aber entstand in der Republik Siena, in deren innerstem politischem Heiligtum, in der «Sala del Concistoro» des Stadtpalastes. Hier malte ab 1529 Domenico Beccafumi (um 1486 – um 1552) mit flackernden Lichtwirkungen, kühn komponierten Figurengruppen und ausgeprägter Asymmetrie des Bildaufbaus – typischen Stilelementen des frühen toskanischen Renaissancemanierismus – einen Freskenzyklus, der eine herbe, ja unerbittliche Botschaft zu verkünden hat: dass der einzelne nichts, der Freistaat hingegen alles ist. Dieses extreme Programm hat ein unbekannter Ideengeber aus dem antiken Maximenschatz des Valerius Maximus herausgefiltert – durch kühne Verknappung und gezielte Weglassungen wird aus einer an moralisierender Unverbindlichkeit schwerlich überbietbaren Vorlage ein messerscharfes politisches Profil.

In diesem gemalten politischen Traktat steht die republikanische Staatsräson über allem, werden alle natürlichen und persönlichen Bande zwischen den Menschen zerrissen, um dann unter dem absoluten Vorrang des Staates neu geknüpft zu werden. Das geht nicht ohne Gewalt ab. Im Gegenteil: Wer die gnadenlose Gleichheit dieses Staates dadurch verletzt, dass er als Sohn eines Mächtigen gleicher als die Gleichen zu sein beansprucht, wird mitleidlos hingerichtet. Vorbilder dieser egalitären Staatsgesinnung sind ein römischer Konsul, der seinen Sohn enthaupten lässt, weil er ohne Befehl die Schlacht eröffnet hat, ein Volkstribun, der seine bestechlichen Kollegen lebend in den Feuerofen schieben lässt (Abb. 5), und ein König von Athen, der sich, als Sklave verkleidet, vom Feind auspeitschen und töten lässt, um den Staat zu retten. Dieser verlangt den Großen vieles, selbst das Leben ab, ohne ihnen dafür Gefälligkeiten zu schulden. Im Gegenteil, die Mächtigen leben in der allzeit misstrauischen Republik unter permanenter Aufsicht – eine antiegalitäre Regung, und sei sie noch so natürlich wie die Begünstigung des Sohnes durch den Vater, und das Damoklesschwert der rigorosen Gleichheit fällt auf sie herab.

Zu Recht, so die Bildbotschaft, denn erst der unnachsichtig zur Beachtung der Gesetze erziehende Freistaat macht aus eigennützigen Triebwesen Menschen, pflanzt ihnen statt der angeborenen destruktiven Instinkte eine zweite, künstliche, höhere Natur ein, die allein humanes Zusammenleben im Zeichen friedlicher Bürgersolidarität ermöglicht – *mutua benevolentia*, gegenseitige Wertschätzung und Wohlwollen proklamiert die Allegorie an der Decke als Leitstern der moralisch gereinigten Republik. Appell zur Einheit über alle Parteigrenzen hinweg, letzter Aufruf zum Schutze sienesischer Unabhängkeit vor der Einverleibung durch fremde Mächte – so standen die Bilder der politischen Klasse bei ihrer Entscheidungsfindung im Ratssaal andauernd vor Augen, sollten sie also anspornen und motivieren.

Als politische Bildpädagogik weisen sie auf die Ausmalung

Abb. 5: Domenico Beccafumi, Der Volkstribun Publius Mucius lässt seine neun Amtskollegen verbrennen, zwischen 1529 und 1535, Siena, Palazzo Pubblico, Sala del Concistoro

des venezianischen Dogenpalastes in den 1570er Jahren voraus, wo die Werke Tintorettos und Veroneses den Ruhm der sakralen, unveränderlich perfekten, überzeitlich unbezwingbaren, unwandelbar gerechten und freien Markusrepublik ebenfalls zur Selbsterziehung der herrschenden *nobili* verkünden. Hier in Siena aber ging es um den Staat an sich, der alles beherrschende Geltung beanspruchte und die alten Loyalitäten zu Familie, Clan und Klientel als verderbliche, spalterische Gegenwerte auszulöschen bestrebt war – republikanische Staatsräson so pur und rigoros, wie sie im Europa der Zeit sonst nur noch in Machiavellis Diskursen über Titus Livius auftrat. Im einen wie im anderen Fall erfolglos – die Republik der Renaissance wie der nachfolgenden Jahrhunderte bis zur Französischen Revolution beschritt nicht den leuchtenden Pfad der reinen Verdienstherrschaft, war nicht auf Gleichheit, sondern auf Privilegien gegründet. Siena selbst wurde ein gutes Vierteljahrhundert nach der Auftragserteilung an Beccafumi von einem mächtigeren Staat inkorporiert, zwar unter Bewahrung alter Gesetze und Vorrechte, doch unter der Hoheit eines Medici-Fürsten, der seinen Sieg über die südliche Rivalin in sein Ruhmespantheon miteinbrachte.

Der neu errichtete Prinzipat, die Herrschaft Cosimos I. (1537–1574) als Herzog von Florenz bzw. Großherzog der Toskana, war wie kaum ein anderes politisches System des 16. Jahrhunderts auf die Macht der Bilder angewiesen. Zu frisch war die Erinnerung daran, dass die Medici eben nicht geborene Fürsten, sondern Bankiers waren, nicht durch vornehme Abstammung, sondern durch Geldgeschäfte nach oben kamen: Aufsteiger, die sich jetzt über die ehemals (mindestens) Gleichen zu herrschen anmaßten. Da die Wurzeln ihrer Schwäche in der Vergangenheit lagen, musste ihre Geschichte und damit die von Florenz zu ihren Gunsten umgeschrieben werden. Und zwar im alten Heiligtum der Republik, dem *Palazzo vecchio*, wo Cosimo zeitweise residierte, nach seinem Wegzug in den grandios ausgebauten Palazzo Pitti auf dem anderen Arnoufer aber ab 1563 eindrucksvolle Herrschaftsstellvertreter malen ließ. So entstand hier ein kolossales Geschichtsbuch in Farben, aufgeteilt in zahlreiche Lektionen, nach dem Muster: für jeden berühmten Medici ein eigenes Kapitel, dem Auftraggeber aber der Löwenanteil des Ruhmes.

Diese vom Sieger diktierte Version der Geschichte lautet, aufs äußerste verkürzt: Florenz harrt seit jeher sehnsüchtig der Verheißenen Familie, die das der Stadt vorherbestimmte Goldene Zeitalter anbrechen lassen wird. Demgemäß musste Florenz schon vor der Machteroberung durch die Medici groß, seine regierende Elite nebst Staatsform aber klein, eben verbesserungs-, ja erlösungsbedürftig erscheinen. Die religiösen Akzente dieser Geschichtsgliederung vor und nach dem Heil sind unübersehbar. Florentinische Geschichte zerfällt jetzt in einen Alten und einen Neuen Bund, den die Offenbarung der Medici, ihre Erscheinung an den Schalthebeln der Macht, hervorbringt; dabei bleiben die Florentiner vorher wie nachher das auserwählte

Volk. Diese Differenz und diese Kontinuität gleichzeitig in Bildern zu gestalten, war eine äußerst anspruchsvolle Aufgabe, selbst für einen so erfahrenen Lobredner mit dem Pinsel wie Giorgio Vasari (1511–1574), seines Zeichens engster Kunstberater, ja seinen Kompetenzen nach geradezu Kulturbeauftragter des Herzogs. Er hat diese qualitative Unterscheidung von Einst und Jetzt vor allem in den riesenformatigen Schlachtendarstellungen an den Wänden des ehemaligen Großen Ratssaales der Republik sichtbar umzusetzen versucht. Und zwar nach dem Schema: ohne Medici zwar Tapferkeit, aber kein Heil. Aller Aufwand an Leibern und Geräten, der da ins Feld geführt wird, bleibt fruchtlos, weil diesem Heer und seinem Staat das Haupt und das Ziel fehlen. Zwar gelingt hier die Rückeroberung des abtrünnigen Pisa, doch wird damit nur mühsam genug zurückgewonnen, was zuvor zerronnen war.

Der Weg in die Zukunft ist erst gebahnt, als auf der gegenüberliegenden Raumseite mit Herzog Cosimo der gelobte Spross der auserkorenen Familie die Führung des Staates übernimmt und die schon immer preiswürdige Tüchtigkeit der Florentiner gleichsam bündelt, fokussiert. Schlachtendenker im stillen Gehäuse, mit kühler Ratio den finalen Angriff entwerfend (Abb. 6), kann Cosimo, Herz und Gehirn seines Staates, die Ausführung seines strategischen Meisterplanes zur Eroberung Sienas getrost einem untergeordneten Feldherrn übertragen, ohne sich etwas zu vergeben – dessen Sieg ist sein Triumph. Unüberbietbar großartig wird dieser an der Decke gefeiert. Dort nämlich haben sich die einundzwanzig Zünfte und die wichtigsten Untertanenstädte von Florenz zu einem Ruhmesreigen versammelt, der nach den ursprünglichen Planungen Vasaris der Göttin Flora als Symbol der Stadt gelten sollte, jetzt aber dem Herzog dargebracht wird.

Dadurch kam es zu Lebzeiten Cosimos zu merkwürdigen Verschränkungen von Illusion und Wirklichkeit, zu einer Ruhmesunion von echtem und gemaltem Herrscher: Von seinem Thron aus erblickte er bei gehobenem Haupt sein verklärtes Selbst, wie es in der Rüstung antiker Imperatoren auf Triumphwolken schwebt und von Flora mit dem Diadem unsterblicher

Glorie gekrönt wird. Ob die alte Elite von Florenz an dieser Apotheose Anstoß nahm, ist nicht bekannt, wie überhaupt Reaktionen des Publikums auf propagandistische Kunstwerke selten Niederschlag in Quellen finden. Einiges könnte dafür sprechen, dass beide Seiten auf ihre Kosten kamen: So schwindelerregend hoch die Position des Herzogs geschraubt ist, so wird ihm Ruhm und Legitimation doch sichtbar von seiner Stadt verliehen. Im auf zweihundert Jahre geschlossenen Machtpakt zwischen *signore* und großen Familien findet diese gemalte Symbiose ihr nüchternes Gegenstück.

Stil und Status des Künstlers haben sich gleichfalls gewandelt. Als typischer Vertreter der zweiten Generation des Renaissancemanierismus hat sich Vasari von den – für entsetzte Auftraggeber häufig unannehmbaren – Formexperimenten eines Rosso Fiorentino oder Pontormo ab- und einer gebändigten, in ihrer Formelhaftigkeit geradezu seriell abrufbaren Darstellungsweise zugewandt. Am Ende der Renaissance ist Kunst als historische Errungenschaft so vieler Generationen seit Giotto und Cimabue lernbar geworden. Der Weiterreichung des kostbaren Vermächtnisses dienen Vasaris Künstlerbiographien, vor allem aber Akademien, deren erste und wichtigste unter der Ägide Herzog Cosimos und Vasaris in Florenz ins Leben gerufen wurde. Der soziale Aufstieg des Künstlers in leitende Funktionen des Hofes hatte allerdings seinen Preis: allzeitige Verfügbarkeit als Höfling. Dementsprechend gelang er nur wenigen. Andere wie Vasaris älterer toskanischer Landsmann Benvenuto Cellini (1500–1571) glitten auf dem schlüpfrigen Parkett des Hofes aus. Cellinis Autobiographie beginnt mit der Ausmalung einer wilden Jugend in einem ungebundenen Zeitalter wie ein tolldreister Schelmen- und Abenteuerroman und mündet schließlich in die tragische Ausweglosigkeit eines alten Mannes, der dieser arkadischen Freiheit nachtrauert, ohne die neuen Spielregeln der höfischen Gesellschaft zu verstehen.

7. Italienischer Humanismus
Einheit, Vielfalt und Konkurrenz

Humanistische Studien und Grundüberzeugungen

«Humanismus» ist keine registrierte Handelsmarke – im Politikjargon der Gegenwart werden «humanistische Werte» meist mehr oder weniger als Synonym von «humanitär» beschworen. Umso mehr hat sich die Forschung des 20. Jahrhunderts bemüht, Humanismus historisch zu definieren und damit gegen verunklärenden Fremdgebrauch zu schützen. Diese Basisbestimmung sollte von den humanistischen Tätigkeitsfeldern, den *studia humanitatis*, her vorgenommen werden. Sie bezeichnen seit der Generation Tommaso Parentucellis (1397–1455, seit 1447 Papst Nikolaus V.) mit Grammatik, Rhetorik, Geschichtsschreibung, Moralphilosophie und Poesie einen festen Kanon, der sich als solcher seit der Begründung humanistischer Studien durch Petrarca (1304–1374) allmählich herausgebildet hat. Zwar sind ältere Versuche, eine feste humanistische «Weltanschauung» im europäischen Zusammenhang zu umreißen, angesichts der von Land zu Land ganz unterschiedlichen Ausprägungen von Geschichtskonzeptionen und der Fülle philosophischer Optionen als endgültig gescheitert anzusehen. Umso dringender aber verlangt der italienische Humanismus der Renaissance – ungeachtet aller auch in diesem engeren Rahmen unübersehbaren Vielfalt der Meinungen und Vorlieben im Einzelnen – über die Definition durch Themenbereiche und Textgenres hinaus nach einer tieferreichenden Bestimmung durch eine Art kleinsten gemeinsamen Nenner vorherrschender Grundüberzeugungen.

Hier ist an erster Stelle die umfassende Vorbildhaftigkeit der antiken Kultur als Ganze zu nennen, und zwar als Matrix und Muster der Gegenwart. Aus diesem unbestrittenen Vorrang leitete sich das Bestreben ab, dieses Modell ganzheitlich wieder in

Abb. 6: Giorgio Vasari und Gehilfen,
Cosimo de' Medici plant die Eroberung Sienas, 1563/64, Florenz,
Palazzo vecchio, Sala dei Cinquecento, Decke

Kraft zu setzen, was prioritär Wiederaneignung des (am häufigsten in den Werken Ciceros bewunderten) klassischen Lateins bedeutete; dessen stetig perfektionierte Beherrschung wurde geradezu zum Nachweis zeitgemäßer Bildung, ja im höheren Sinne menschlicher Qualitäten schlechthin. Die Kenntnis des Griechischen, die sich ab dem zweiten Viertel des 15. Jahrhunderts in Italien allmählich ausbreitete, wurde zwar später ebenfalls zur Norm, gewann aber nie einen vergleichbaren Stellenwert innerhalb des humanistischen Kanons. Die hymnische Hochschätzung des Lateinischen wiederum, die gegen Ende des 15. Jahrhunderts in Italien gelegentlich zu Formkult und Formalismus gesteigert wurde (das Haupt der nördlichen Humanisten, Erasmus von Rotterdam, sprach satirisch von «ciceronianischen Affen»), erklärt sich aus der Überzeugung, dass allein eine reich ausgebildete Sprache die Entwicklung eines entsprechenden sittlichen Unterscheidungsvermögens im Menschen und damit dessen selbstverantwortliches gutes Handeln ermöglicht.

Darauf gründeten italienische Humanisten ihren immer selbstbewusster vorgetragenen Anspruch, ihre Mitbürger zum tugendhaften privaten wie öffentlichen Leben anzuleiten (die florentinisch-republikanische Variante eines Coluccio Salutati und Leonardo Bruni) bzw. (wie Vittorino da Feltre und Guarino da Verona) als Ratgeber am Hofe künftige Fürsten zu guten Herrschern zu erziehen – als eine neuartige, nicht mehr durch geistlichen Stand oder juristische bzw. medizinische Qualifikation, sondern, modern ausgedrückt, durch ganzheitlichen kulturellen Führungsanspruch definierte Bildungs- und Funktionselite. Diese Nützlichkeitsfunktion ihrerseits rechtfertigte die von Humanisten mit großer Regelmäßigkeit und Intensität vorgetragene Forderung nach Förderung durch die Mächtigen, die damit der ihnen vorgeschriebenen Pflicht zu *liberalitas* und *magnificentia*, zu Großzügigkeit und Großartigkeit in Mäzenatentum und Hofhaltung, Genüge leisteten, mehr noch: sich letztlich als legitim auswiesen.

Humanistische Geschichts- und Menschenbilder

Verwendbarkeit im Umfeld des Hofes vermochten Humanisten nicht nur als Pädagogen, sondern auch als Historiker unter Beweis zu stellen. Ab dem zweiten Viertel des 15. Jahrhunderts nämlich wurde die Darstellung von Zeitgeschichte zu einem immer ausgiebiger genutzten Propagandamedium. Einer ebenso schmalen wie einflussreichen, durch Nähe zur Macht gekennzeichneten und dadurch als Publikum umso attraktiveren italienischen Öffentlichkeit die Beweggründe und Ziele des eigenen wie des fremden politischen Handelns effektvoll zu präsentieren, versprach durch die von eleganter lateinischer Prosa ausgehenden Überredungswirkungen Zugewinne an Prestige, wenn nicht sogar an diplomatischen Handlungschancen.

«Geschichts-Mäzenatentum» dieser Art praktizierte aus gutem Grund König Alfonso V. von Neapel. Die seine Aufträge an Humanisten vom Range eines Lorenzo Valla (1407–1457) und Bartolomeo Fazio (1410–1457) leitende Strategie lautete: den Auftraggeber zu italianisieren, ihn als Garanten und pietätvollen Fortsetzer ältester bodenständiger Traditionen und Werte wie als Förderer nationaler humanistischer Kultur auszuweisen und gegen seine Feinde zu polemisieren. Letzteres hat niemand erfolgreicher getan als Valla, der 1440 im Dienste Alfonsos den Finger auf eine wunde Stelle des Papsttums legte, nämlich mit fortan unwiderleglichen philologischen Beweisen die sogenannte Konstantinische Schenkung als eine nachantike Fälschung entlarvte. Das hinderte ihn allerdings nicht daran, später auf einen lukrativen Posten an der Kurie überzuwechseln. Seine Angriffe richteten sich auch weniger gegen die Päpste, die das lächerliche Falsifikat zur Untermauerung ihrer territorialen Ansprüche und ihres Vorrangs vor Kaiser und Reich heranzogen, sondern vielmehr gegen den unbekannten Fälscher, der sich frevelhaft erdreistete, der Antike seine eigene, verkümmerte Sprache unterzuschieben, und sie damit herabsetzte.

Dahinter stand ein Geschichtsbild, das für die überwältigende Mehrzahl der italienischen Humanisten kanonische Geltung besaß: Dass das römische Imperium als historische Glanzzeit durch die Barbareneinfälle seit dem 5. Jahrhundert unterging, darauf dunkle Jahrhunderte der Willkür und Verrohung folgten, die von erneutem Aufstieg im Zeichen der sich selbst bestimmenden Kommune abgelöst und durch die stetig intensivierte Pflege der *studia humanitatis* seit Petrarca zur Kulturblüte veredelt wurden – das war weitestgehend verbindliche Grundüberzeugung, unabhängig von vielen Unterschieden in Datierungen, Gewichtungen und Erklärungen im Einzelnen; ganz überwiegend geteilt wurde auch die daran geknüpfte Erwartung, dass der Prozess der Sprachverfeinerung und der damit einhergehenden sittlichen Verbesserung unaufhaltsam voranschritt – zu potentiell immer glänzenderen Horizonten.

Im Extremfall mündete dieser Optimismus in die Vorstellung eines christlichen Goldenen Zeitalters der Kulturerfüllung und der Einheit des befriedeten Weltkreises – chiliastische Visionen, wie sie zum Beispiel der General der Augustinereremiten und spätere Kardinal Egidio da Viterbo auszumalen nicht müde wurde. Seiner Ansicht nach wird dabei einem sittlich gereinigten Papsttum die Führung zufallen, doch gibt es diese Voraussagen einer seligen Endzeit je nach Entstehungskontext auch in vielen anderen Ausprägungen, u.a. einer florentinischen, ja selbst einer lucchesischen Variante.

Von solchen Zuspitzungen abgesehen, blieb das Verhältnis von Gegenwart und Antike im historischen Denken der italienischen Renaissance komplex, mehrdeutig, oft genug ungeklärt und insgesamt spannungshaltig. War sich Petrarca des Gegensatzes zwischen der kulturellen Überlegenheit der Antike und ihrem Glaubens- bzw. Offenbarungsdefizit gegenüber der eigenen, christlichen Gegenwart schmerzlich bewusst, so schwächte sich dieser Kontrast mit dem steigenden Selbstbewusstsein der nachfolgenden Humanistengenerationen allmählich ab. Für einen seiner eigenen Errungenschaften so gewissen Autor wie Valla stand jetzt nicht mehr schülerhafte Imitation, sondern eigenständige Verwandlung von Gegenwart und Zukunft im Namen antiker Werte und Vorbilder, also Aneignung durch Anverwandlung, im Vordergrund. Deren Ergebnis war nicht sklavische Nachahmung, sondern Ähnlichkeit im Sinne von Ebenbürtigkeit, was sich mit der immer schärfer wahrgenommenen Andersartigkeit der eigenen Zeit vertrug. Diese Differenz als Resultat eines tausendjährigen historischen Verwandlungsprozesses, der Sitten und Gebräuche, Geschmack, Vorlieben, Riten, Verrichtungen und Gegenstände, ja selbst die Sprache mit veränderte, stellte Valla in seiner erwähnten Widerlegung der Konstantinischen Schenkung kategorisch fest.

Dasselbe Fazit «Alles fließt» ergibt sich aus den archäologischen Forschungen seines älteren Zeitgenossen Flavio Biondo (1392–1463), die zum ersten Mal diese Bezeichnung wirklich verdienen; durch systematischen Vergleich von Ruinen und Textstellen gelingt es Biondo in seinen historisch-landeskundlichen Arbeiten (*Italia illustrata*, 1448–1453, bzw. *Roma triumphans*, 1457–1459), die Schauplätze der antiken Quellen, manche Irrtümer unbenommen, zu ermitteln – mit der Folge, dass die ferne Vergangenheit jetzt ihren sicher lokalisierten Ort in der Gegenwart besaß. Dabei war nicht mehr Melancholie im Angesicht von Trümmern, sondern die Aufforderung zum Aufbruch, zu glanzvoller Wiederherstellung die vorherrschende Grundstimmung. Doch sollte man derartige «Fortschrittsvorstellungen» richtig dimensionieren – sie blieben im Wesentlichen auf die Perfektionierung einer mit dem Altertum rivalisierenden Kultur beschränkt und erweiterten sich kaum je zur Denkfigur einer insgesamt zu höheren Daseinsformen voranschreitenden Geschichte.

Am ehesten finden sich Ansätze dazu in Brunis 1416 bis 1444 verfasster *Geschichte des florentinischen Volkes*. Als letzter Ableger der in Tyrannis versinkenden altrömischen Republik und damit als Freiheitsrefugium vermag sich Florenz, so Bruni, zur vorherbestimmten Größe erst nach dem Untergang des alles Eigenleben von Städten und Regionen unterdrückenden Imperiums aufzuschwingen. Sein nach Abschüttelung des barbarischen Jochs ab etwa 800 vollends unaufhaltsamer Aufstieg ist weiterhin durch den Aufschwung von Freiheit – Nährboden sich stetig verfeinernder Sprache und Gesittung – gekennzeichnet.

Das Verhältnis von Konstanten im Großen und Variablen im Einzelnen gilt auch für die Beschäftigung der Humanisten mit Philosophie. Hier fehlte es nicht an verblüffenden Optionen. So verlieh ein selbstgewisser Denker wie Valla in seinem Dialog *De voluptate* nach Anhörung konkurrierender Systeme dem Epikurismus die Palme, weil hier körperlicher und geistiger Lustgewinn am zuträglichsten miteinander verquickt werden. Selbst die Gottesschau der Seligen im Paradies verbuchte Valla unter *voluptas*. Bei aller Verschiedenheit der Positionen sticht die Kompaktheit humanistischer Feindbilder hervor: mönchische Lebensform, klösterliches Küchenlatein und eine Art scholastischen Philosophierens, die als weltfremdes, ja oft genug haarspalterisches Spekulieren über erfundene Probleme abgewertet wird. Demgegenüber betonen die Humanisten den Vorrang einer dem Menschen in der Welt zugewandten Philosophie, die zu einem besseren, das heißt dem Nächsten nützlichen und dadurch gottgefälligen Leben beiträgt – so unterschiedlich der projizierte ideale Lebensraum, sei es Republik oder Monarchie, auch ausfallen mag.

Theologie, Neoplatonismus, Aristotelismus, Synkretismus

Spätestens ab der Mitte des 15. Jahrhunderts prägten Humanisten, an Höfen und republikanischen Entscheidungszentren solide etabliert, den Zeitgeist sowie die Sprache der Eliten; aus dieser zunehmend dominierenden Position erklärt sich eine Ausstrahlung in kulturelle Sektoren, die ihren Interessen an sich ferner lagen oder sogar entgegengesetzt waren: Bis in die – von aller humanistischen Kritik unbenommen fortbestehenden – theologischen Studien hinein lässt sich dieser Einfluss beobachten, zumal diese in Italien anders als im Norden und Westen Europas keine starke Verankerung an den Universitäten besaßen. So aber erstreckte sich die von der «Diskurshegemonie» der Humanisten diktierte antikisierende Einfärbung des Jargons bis in die Heiligenviten und die theologischen Kontroversen hinein.

Die wichtigste Kontroverse betraf im Italien des 15. Jahrhunderts die Frage, ob das von Christus bei seiner Kreuzigung vergossene Blut in den drei Tagen zwischen Tod und Wiederauferstehung seines göttlichen Charakters verlustig gegangen und damit nur der menschlichen Natur des Gottessohnes zuzurechnen sei oder nicht. Über sie debattierten die Franziskaner (pro) und die Dominikaner (contra) ab 1461 mit einer so hitzigen Erbitterung, dass der Streit schließlich zur Schlichtung vor Papst Pius II. gezogen wurde. Dieser stand als Humanist auf dem Thron Petri der Auseinandersetzung distanziert, aber von ihrem verwickelten Verlauf zugleich auch fasziniert gegenüber. Sein übernächster Nachfolger wurde mit Francesco della Rovere alias Sixtus IV. im Übrigen der theologische Wortführer der Franziskaner in diesem Streit – heilsame Warnung davor, angesichts der humanistischen Sprachdominanz die Vielfalt gleichzeitiger kultureller Strömungen zu unterschätzen.

Auf der entgegengesetzten Seite des Spektrums sind Gelehrte wie Marsilio Ficino (1433–1499) anzusiedeln. Als Haupt der platonischen «Akademie» in Florenz, eines locker gefügten Gesprächskreises über die Lehre des kultisch verehrten athenischen Philosophen, unternahm er in seiner *Platonischen Theologie* (*Theologia Platonica*) den groß angelegten Versuch einer Synthese von Christentum und Platonismus. Das Ergebnis ist ein weit ausgreifendes und hochspekulatives Menschen- und Weltbild, das von der Beseeltheit alles Seienden, von der stummen Materie aufwärts bis zu den Planeten, ausgeht. Diese wiederum wirken mit den ihnen zugeordneten Göttern und Geistwesen auf Geschick und Psyche des Menschen zurück, dessen Lebensaufgabe die Selbstvervollkommnung unter Abstreifung aller irdischen Schlacken ist. Dazu zählte für Ficino auch die politische Betätigung im Staat, der am besten der Obhut eines Philosophenherrschers übertragen wird. Im Florenz Lorenzo de' Medicis nie hegemonial (und zudem von letzterem nur sehr mäßig protegiert), war die neue Philosophie unter den gebildeten Patriziern der Arnostadt, wohl nicht zuletzt ihres elitären Grundzuges wegen, zwar beliebt, formte diese jedoch keineswegs zu apolitischen Stubengelehrten um.

Überhaupt stehen die Zeichen der Elitenkultur gegen Ende des 15. Jahrhunderts auf Synthese, ja Synkretismus. Dieser Begriff bezeichnet Ideengebäude, die alle bekannten philosophischen Systeme und Religionen miteinander zu harmonisieren oder sogar zu verschmelzen versuchen; zugrunde gelegt wird dabei die Vorstellung einer sich seit Beginn der Menschheitsgeschichte schrittweise vollziehenden göttlichen Offenbarung, die somit auch den ältesten heiligen Büchern in Ägypten oder Persien Anteil an einer Wahrheit verleiht, die dann im Gotteswort der Bibel vollendet zutage tritt. Möglich wird eine solche Überwindung der Gegensätze nur durch eine Textauslegung, die den eigentlichen Sinn auf einer übertragenen Bedeutungsebene ansetzt und diese gewissermaßen chiffrierten Botschaften mit entsprechenden Interpretationsmethoden zu entschlüsseln sucht. Auf diese Weise wird zum Beispiel das Alte Testament weitgehend als Typus des mit der Geburt Christi einsetzenden Heilsgeschehens gedeutet und damit enthistorisiert. Ihren Höhepunkt finden diese synkretistischen Bestrebungen im Werk des Giovanni Pico della Mirandola (1463–1494) aus der gleichnamigen Kleinst-Signorenfamilie, der sogar die seit jeher überwiegend als Gegensätze gedeuteten Lehren Aristoteles' und Platons in seine umfassende Synthese miteinbezieht. Suggeriert seine (häufig aus dem Zusammenhang gerissene) *Rede über die Menschenwürde* – mit der These, dass der Mensch als einziges durch den Schöpfer in seiner Natur nicht festgelegtes Wesen durch stetige Selbstvervollkommnung an die Seite Gottes emporsteigen kann – ein unüberbietbar positives Menschenbild, so besteht dessen Kehrseite darin, dass diese Freiheit auch ein Absinken unter eine rein animalische Ebene zulässt.

Diesem Spannungsverhältnis entspricht lebensgeschichtlich, dass Pico seine Tage als Anhänger des endzeitlichen Bußpredigers Savonarola (1452–1498) beschloss. Dieser konnte unter geschickter Anknüpfung an ältere Stadtmythen zumindest zeitweise einen großen Teil der Florentiner davon überzeugen, dass die Republik am Arno nach einer ganzheitlichen geistlich-politischen Reform von Gott damit beauftragt war, den Weltkreis im Glauben zusammenzuschließen und danach das Reich der seligen tausend Jahre Christi mit seinen Gerechten auf Erden anbrechen zu lassen – ein weiteres Argument dagegen, «moderne» Renaissancekultur und «rückständige» Weltbilder kontrastiv gegeneinander auszuspielen. Die Klammer, die scheinbar unvereinbare Gegensätze (und im Falle Savonarolas strenge Dominikaner, Patrizier, Humanisten und Philosophen wie Pico) zusammenzuschließen vermochte, waren neben weitverbreiteter Endzeiterwartung das tiefe Unbehagen an einem immer aufwendigeren Lebensstil der Oberschicht, das Streben nach sittlicher Besserung, karitativer Betätigung und Versöhnung zwischen den Schichten.

Von diversen humanistischen Strömungen, Neoplatonismus und scholastischer Theologie gleichermaßen weit entfernt, blühte um dieselbe Zeit, vor allem in seiner Hochburg Padua, ein kritischer Laien-Aristotelismus, der die aristotelischen Texte zur Beschaffenheit der Natur, des Menschen und seiner Seele fortdachte – bohrend und oft unbequem. So erklärte der in Padua wirkende Philosoph Pietro Pomponazzi (1462–1525), dass die Unsterblichkeit der menschlichen Seele mit natürlichen Gründen nicht zu belegen ist – was nicht ausschließt, dass sie als Glaubenssatz akzeptiert werden muss.

Weitaus weniger innovativ sind die Naturwissenschaften, wo man der italienischen Renaissance allzu häufig Errungenschaften älterer wie späterer Zeiten ebenso pauschal wie falsch zuschreibt. Kennzeichnend für sie ist zwar ein verstärktes Interesse an Naturbeobachtung, wie es sich etwa in Leonardo da Vincis anatomischen und hydraulischen Zeichnungen eindrucksvoll niederschlägt, doch ist dieser für das 16. Jahrhundert so charakteristische empirische Grundzug nicht primär auf die Ableitung von Gesetzmäßigkeiten gerichtet, sondern weiterhin spekulativ eingebunden. Dabei werden die gewonnenen Erkenntnisse in Übereinstimmung zu einer philosophischen Schule oder einer Verbindung mehrerer Systeme gebracht, die zugleich mit immer größerer Freiheit gegeneinander abgewogen werden. Der methodische Umschwung hin zu einer auf mathematisch-physikalische Methodik gegründeten Analyse der Natur unter gleichzeitiger radikaler Abkoppelung von der spekulativen Naturphilosophie vollzog sich erst um 1600 im Werk Galileo Galileis (1564–1642).

Verlorene humanistische Illusionen
Machiavelli und Guicciardini

Die erregenden Vorstöße der späten italienischen Renaissance aber vollzogen sich im Nachdenken über den Menschen und seine Geschichte. Ob man die beiden Florentiner Staatstheoretiker und Historiker Niccolò Machiavelli (1469–1527) und Francesco Guicciardini (1483–1540) dem Humanismus zurechnet oder nicht, hängt von dessen Definition ab. An Textgattungen und Stilformen gemessen, kann die Antwort nur positiv ausfallen, nicht aber an den darin niedergelegten Ideen.

Steht für die Humanisten die sittliche Selbstausbildung des Individuums im Vordergrund, so bei Machiavelli ein übermächtiger Staat, der aus der destruktiven anthropologischen Rohsubstanz erst den Menschen im höheren Sinne – den im Staat aufgehenden Bürger – formt und daher zu seinem Erhalt von jeglichen Einschränkungen durch christliche Moral freigesprochen wird. Dabei fällt dem vollendeten Fürsten, der List, Gewalt und Heuchelei gleichermaßen zielgerichtet zur Stärkung des Staates einzusetzen vermag, die Aufgabe zu, nach Auflösungsphasen der politischen Ordnung durch Verankerung der Gesetze im Inneren des Menschen wieder die Voraussetzung für eine ideale Republik zu schaffen. In ihr liefern sich Große und Volk unablässig durch die Gesetze kanalisierte Konkurrenzkämpfe, die wiederum zur Selektion der Besten im Inneren und zu erfolgreicher Expansion nach außen führen. Krieg ist also ein Lebenselixier des Staates, mehr noch: Ruhmvolle Ausdehnung nach außen ist ein Ziel an sich, ein Selbstzweck, und darf daher mit allen, auch den rücksichtslosesten Mitteln – Liquidation von Eliten, Deportation ganzer Völkerschaften – betrieben werden. Dieser äußeren Politik entspricht das Klima im Inneren. Hier nämlich leben speziell die Mächtigen in steter Furcht vor dem Gesetz, ja republikanische Staatsräson verlangt geradezu danach, zum Wohl des Ganzen an ihnen abschreckende Exempel zu vollziehen. Bei aller Loslösung der Macht von der Moral aber ist Machiavelli, entgegen einer ebenso verbreiteten wie in dieser Pauschalisierung sinnwidrigen Bezeichnung als erster «Wissenschaftler der Politik», mindestens ebenso sehr ein Mythenbildner großen Stils, ja einer der letzten politisch Gläubigen seiner Zeit. Mythos etwa ist sein Bild des *signore* als kühner Selbstherrscher, mythisch geprägt ist seine felsenfeste Überzeugung, dass die Erfolgsregeln der alten Römer auch in der eigenen Zeit den Wiederaufstieg Italiens aus dem Sumpf von Söldnerwesen und Cliquenherrschaft garantieren.

An diesem zyklischen Geschichtsbild und an dieser kultischen Romverehrung entzündet sich der Widerspruch Guicciardinis in seinem scharfsinnigen Kommentar zu Machiavellis *Discorsi*. Geschichte vollzieht sich nicht in Kreisen, nicht als Wiederkehr der immer gleichen Konstellationen, sondern als Aufbruch ins Unbekannte; da sich nichts in ihr wirklich wiederholt, sondern im Gegenteil alles, selbst das Fühlen und Denken der Menschen, vollständig verwandelt, gibt es auch keinerlei Erfolgsrezepte, um die Zukunft zu meistern. Man kann daher aus der Geschichte nichts lernen – außer einer zugleich deprimierenden und stimulierenden Lektion: dass alle rationale Kalkulation und Klugheit angesichts der Offenheit der Geschichte zwar keine Garantie für Erfolg bietet, aber allein menschliche Würde und Selbstbehauptung zu bewahren vermag. Aufgabe der Geschichtsschreibung ist es somit, im Rückblick das verworrene Ursachengeflecht der Ereignisse unbestechlich und unerbittlich gegenüber den Mächtigen zu entwirren; dem so nobilitierten, allein noch Fixpunkte in einer chaotischen Welt und damit Selbstvergewisserung bietenden Metier des Historikers widmete sich der Patrizier Guicciardini in seinen letzten, von der aktiven Politik abgewandten Lebensjahren. In seiner monumentalen *Storia d'Italia* versucht er sich und seinen Zeitgenossen Rechenschaft über die Gründe abzulegen, die zum Verlust der Unabhängigkeit Italiens nach 1494 führten: rücksichtsloses Machtstreben, gepaart mit blinder Unvernunft. Dabei weitet sich seine Darstellung zu einem europäischen Geschichtspanorama aus, das auch die Reformation miteinbezieht – Religion ist für Guicciardini wie für Machiavelli ein reines Herrschaftsmittel.

Reformation und Glaubenswelten

Diese Positionen von Ausnahmegestalten reichen nicht aus, um die Existenz einer «heidnischen» Strömung innerhalb der italienischen Renaissance zu begründen. Für die überwältigende Mehrheit der Intellektuellen wurde nicht eine agnostische oder gar atheistische Weltsicht, sondern ein mit vielfältigen Elementen antiker Philosophie verschmolzenes Christentum bestimmend – eine keineswegs neue, sondern sich auch schon vor der Renaissance immer wieder vollziehende Synthese. Der damit verbundenen Abkehr von Scholastik und Kontroverstheologie entsprechend, erfolgte die Reaktion auf die ab den 1520er Jahren nach Italien eindringenden Ideen der Reformation. Sie wurden ihres genuin theologischen Charakters weitgehend entkleidet und auf ihren politischen und moralischen Gehalt reduziert – unter Ausblendung etwa der Prädestinationslehre und der damit verbundenen Leugnung des freien menschlichen Willens, aber auch der Abwertung der patristischen Tradition gegenüber der Bibel. Auf diese Weise an die spezifisch italienischen Verhältnisse angepasst, stieß die neue Lehre in den «evangelikalen» Kreisen aus Bildungseliten und Teilen städtischer Führungsschichten auf Sympathie; sie nährte sich nicht zuletzt aus humanistischem Widerwillen gegen eine lebensfremde, überkompliziert gewordene Buchstabenreligion. Mystische Versenkung und karitativer Impuls bei gleichzeitiger Betonung des *Sola-fide*-Prinzips (der Rechtfertigung durch den Glauben allein) bildeten die hervorstechenden Merkmale dieser Grauzone zwischen Konfessionen, die sich ab etwa 1540 dogmatisch immer präziser und unduldsamer voneinander abzugrenzen begannen. Dabei suchten nicht wenige herausragende Intellektuelle wie etwa die Brüder Lelio und Fausto Sozini (gest. 1562 bzw. 1604) einen eigenen Weg zwischen den sich verfestigenden konfessionellen Blöcken. Er führte sie geistig in einen vernunftbetonten Unitarismus mit einem einzigen, unteilbaren Schöpfergott und räumlich bis nach Polen, wo religiöse Abweichler zeitweise weitreichende Glaubensfreiheit fanden. Stärkere Auswanderung in die Zentren reformierten Glaubens, vor allem nach Genf, erfolgte aus Städten wie Lucca, Modena und Ferrara.

In markantem Unterschied zu diesen Veränderungen in der Kultur der Eliten wandelte sich die Vorstellungswelt der kleinen Leute deutlich weniger und vor allem langsamer. Soweit sich ihre Weltsicht aus Tagebüchern, Gerichtsakten und ähnlichen Quellen ansatzweise erschließen lässt, lebten hier ältere Bewusstseinshaltungen in vielem ungebrochen fort. In den Aufzeichnungen des florentinischen Gewürzhändlers Luca Landucci zwischen 1450 und 1516 etwa ist so gut wie nichts vom Glanz des mediceischen Florenz, sehr viel dagegen vom Elend des Alltags eingefangen. Geschichte erscheint hier als Kreislauf von Krieg, Hungersnot, Überschwemmungen, Hinrichtungen und anderen Kalamitäten, die Gott als Strafe für die Sünden, speziell den

Hochmut des Menschen, verhängt. Dieser ist vor allem bei den Mächtigen verbreitet, die sich und nicht Gott ihren Rang zu verdanken glauben und deren Gier nach Einfluss und Reichtum unstillbar ist. Die wahre Größe des Menschen aber ist die Demut vor Gott, der allein die Geschichte lenkt – mit dieser von allen Prunkaufwendungen des Zeitalters kaum beeindruckten Haltung kategorischer Frömmigkeit und einem entsprechend egalitären Menschenbild erteilt Landucci den Ruhmesbestrebungen der Mächtigen und letztlich auch ihren Propagandabemühungen eine kühle Absage.

Doch war auch dieser prinzipienfeste Kleinbürger nicht völlig immun gegen deren Wirkungen, wie sein Nachruf auf Lorenzo de' Medici im April 1492 zeigt. Bevor er sich über die Nichtigkeit irdischer Herrlichkeit ergeht, listet er nämlich die Erfolge des Verstorbenen in so hohen Tönen auf, dass dieser seine Freude daran gehabt hätte. Mit aller Vorsicht lässt sich dieses Beispiel verallgemeinern: Zwischen oben und unten findet, zumindest in den Städten, Kommunikation der verschiedensten Art, auch Austausch von Ideen und Wertbegriffen, statt. Dabei treffen die kleinen Leute ihre Beobachtungen und ziehen ihre Schlüsse, die sie dann in ein sehr eigenständiges, traditionellen Werten verpflichtetes Weltbild mit ausgeprägter politischer Ethik einfügen. Diese aber bleibt unverrückbar von der Verpflichtung der Herrschenden bestimmt, das Überleben der Armen zu sichern und darüber vor Gott Rechenschaft abzulegen.

8. Die italienische Renaissance in Europa

Ein in sich geschlossenes und als solches exportierbares «Modell Italien» hat es, allein schon der Vielgliedrigkeit der politischen Szenerie und der Vielfalt der kulturellen Strömungen wegen, in der Renaissance nicht gegeben. Erst recht nicht auf wirtschaftlichem Sektor. Hier hat man der Epoche Errungenschaften gutgeschrieben, auf die sie kein Anrecht hat: banktechnische Innovationen wie Wechselbriefe und Giro, ja die Entwicklung von «Handelskapitalismus» und verstärkte ökonomische Dynamik insgesamt. Diese Neuerungen aber vollzogen sich, getragen gleichermaßen von alten «feudalen» und jüngeren nachrückenden Elitenausschnitten, bereits seit dem 12. und 13. Jahrhundert, der eigentlichen Wachstumsperiode der italienischen Wirtschaft. Schon bald nach 1300 traten in Bank- und Textilproduktionsmetropolen wie Florenz, Siena und Lucca Krisensymptome auf, die sich noch vor den demographischen Aderlässen der Großen Pest von 1347/48 zu regelrechten Bankrottserien der führenden Kompanien und Konsortien verdichteten. Gegenüber deren Volumen sind auch die größten Firmen der Folgezeit wie etwa die Bank der Medici stark geschrumpft.

Der durch Bautätigkeit und Mäzenatentum bis heute bezeugte Wohlstand der städtischen Oberschichten in der Renaissance ist demgegenüber sehr pauschal als Folge einer ökonomischen Konsolidierung zu erklären, die wiederum auf verschiedene, auch politische Faktoren zurückzuführen ist: Ausweichen auf neue Produktionssektoren wie Seidenfabrikation, gewinnträchtiger betriebene Bewirtschaftung von Landgütern und vor allem eine durch Steuerpolitik gelenkte Umverteilung zugunsten der Städte und ihrer Oligarchien sind hier vorrangig zu nennen. Schon im 15. Jahrhundert – und damit lange vor der viel zu einseitig angesetzten «Rearistokratisierung» im Zeichen der spanischen Vormachtstellung – wurden

Gewinne aus Handel und Bank in den sicheren Werten von Grund und Boden angelegt und die stetig steigenden Risiken des Kreditgeschäfts immer mehr zugunsten des reinen oder überwiegenden Landrentenbezugs gemieden.

Anziehungs- und Ausstrahlungskraft Italiens in der Renaissance sind somit vorrangig im Bereich der Elitenkultur, des Hofes, seines Lebensstils und seiner Ausdrucksformen zu finden. Die dabei zu verzeichnenden starken Wirkungen lassen sich nicht durch simple Ausfuhr von Kulturgütern und -techniken, sondern am besten durch eifersüchtige Aneignung, durch eigenständige Anwendung von Anregungen umreißen. So haben die italienischen Humanisten gerade durch die Thesen von der kulturellen Prometheus-Funktion ihres Landes eine regelrechte Kettenreaktion früher europäischer Nationalismen in Gang gesetzt. Diente das abwertende Bild der barbarischen Völkerschaften der Lobpreisung Italiens als urbane, zivilisatorisch veredelte Lebensgemeinschaft, so haben die Adressaten der Botschaft nördlich der Alpen diese pejorative Stereotypisierung durch analoge, für das Bild der eigenen Nation nicht minder konstruktive Klischeebildung erwidert. So wurde Italien im Gegenentwurf französischer und deutscher Humanisten, der gelehrten Konkurrenz um nationalen Vorrang entsprechend, abschreckend, als durch falschen kulturellen Glanz nur notdürftig übertünchtes Grab aller Aufrichtigkeit und Glaubenstreue gezeichnet und diente damit als Kontrastfolie zur Hervorhebung eigener Vorzüge. In diesem oft sehr polemisch ausgetragenen Wettstreit hatten letztere allerdings eine ungünstige Ausgangsposition, mussten sie neben dem unbestrittenen Vorrang des Lateinischen doch – widerwillig genug – anerkennen, dass Italien die *studia humanitatis* mindestens ein Jahrhundert vor dem übrigen Europa wiederbelebt hatte.

Das originellste «Ausweichmodell» entwickelte in dieser Hinsicht der wortmächtige deutsche Humanist Konrad Celtis (1459–1508), und zwar pikanterweise in «landeskundlichen» Texten, die ihre Orientierung an den Werken Flavio Biondos keineswegs verleugneten. Seine «Druiden-Theorie» behauptet, dass die – mit den heutigen Deutschen wesensgleichen – Germanen ihre kulturelle Prägung durch besagte gallische Priester erhielten, welche selbst wiederum unmittelbar aus dem reinen Born griechischer Bildung geschöpft hätten. Dass die ab der zweiten Hälfte des 15. Jahrhunderts für Humanisten aller Herren Länder (und später für vornehme junge Europäer allgemein) immer verpflichtender werdende Studienreise nach Italien zu einem Abbau derartiger Vorurteile geführt habe, lässt sich nicht behaupten. Geht man nach dem schriftlichen Ertrag solcher Fahrten, dann scheint der Aufenthalt vor Ort die mitgebrachten Klischees eher noch bestätigt zu haben, wird die Wahrnehmung des Fremden ganz überwiegend dem vorgefassten Urteil angepasst. Doch fehlt es auch nicht an herausragenden Gegenbeispielen wie etwa dem aus Pforzheim gebürtigen Humanisten Johannes Reuchlin (1455–1522), für den sein Italienaufenthalt zur lebenslang nachhallenden, sein Interesse an älteren Kulturen, speziell der jüdischen Kabbala, prägenden Erfahrung wurde.

Dem Prinzip der *imitatio* und *aemulatio*, Nachahmung und Konkurrenz, folgte auch die Übernahme des Modells Hof. So wie schon die Höfe der italienischen Signorien, den Traditionen, Machtgrundlagen und Bedürfnissen ihrer Dynastien entsprechend, im Einzelnen durchaus unterschiedlich angelegt waren, so wurden die von ihnen vorgegebenen Grundmuster außerhalb der Halbinsel noch viel stärker an die ganz spezifischen Herrschaftsverhältnisse, Hierarchien und Legitimationen angepasst.

Dieser Prozess zeichnete sich zuerst in Frankreich mit aller Deutlichkeit ab. Blieben die «Kulturkontakte» im Rahmen der militärischen Kampagnen von 1494/95 und ab 1499 trotz mancher eindrucksvoller Mitbringsel und Erinnerungen (etwa die Memoiren Philippe de Commynes) insgesamt noch ziemlich folgenlos, so wurde die Hofkultur Italiens für den ab 1515 regierenden, einundzwanzig Jahre jungen König Franz I. zum bewunderten Vorbild. Er zog nicht nur Leonardo da Vinci in dessen letzten Lebensjahren in seine Umgebung, sondern bot vielen weiteren italienischen Künstlern der jüngeren Generation wie Rosso Fiorentino (ab 1530) und Benvenuto Cellini (1542–

1544) attraktive Arbeitsbedingungen und Aufträge, vor allem in seinem Schloss Fontainebleau, das zur Drehscheibe bei der Ausbreitung von Geschmack und Stil *all' italiana* wurde. Dessen Ausschmückung illustrierte eindrucksvoll das Wechselspiel von Stilimport und eigenständiger Stilentwicklung.

Hier nämlich entstand trotz Leitung durch italienische Künstler – an die Stelle Rossos trat nach 1540 Francesco Primaticcio aus Bologna – und trotz unübersehbarer italienischer Vorbilder keine einfache Kopie einer italienischen Residenz, sondern ein von den unverwechselbaren Machtgrundlagen wie auch den Kompensationsbedürfnissen des (1525 in die Gefangenschaft seines Feindes Kaiser Karls V. gefallenen) Herrschers tief geprägtes höfisches Ambiente ganz eigener Art.

Das Beispiel lässt sich verallgemeinern: Die in Italien zuerst erprobten Formen humanistischer Kultur und höfischer Lebensformen neuen Stils unterlagen allenthalben einer komplexen Anpassung, wenn man so will einer «Nationalisierung» und «Europäisierung» zugleich. Vom Italien der Renaissance ausgehend, entwickelte sich auf diese Weise mit zahlreichen Variablen im Einzelnen eine europäische Ökumene der Höfe, die durch gemeinsame zentrale Werte, durch eine über Sprach- und Landesgrenzen hinaus verständliche Semiotik, Formen des Auftretens und des Kommunizierens, geprägt war. Dieses zur Ausbildung eigener «nationaler» Höfe anregende italienische Vorbild war früh im Ungarn des Matthias Corvinus (1458–1490) nachweisbar, prägend, wie gesagt, im Frankreich Franz' I., aber mit vielen Brechungen schon zuvor in der Umgebung Kaiser Maximilians I. (1493–1519) wie seines Nachfolgers Karls V. präsent. Ab der Mitte des 16. Jahrhunderts wurde das in Italien vorgeformte höfische Modell auch in anderen deutschen Residenzen wie etwa dem München Albrechts V. (1550–1579) wirksam und breitete sich schließlich über ganz Europa aus – mit deutlichen Verschiebungen, Reserven und besonders ausgeprägten Eigenständigkeiten auf der Iberischen Halbinsel und in England, glanzvoll und wiederum sehr eigentümlich im Prag Rudolfs II. (1576–1612).

In dieser Formalisierung, Ritualisierung und Zivilisierung,

die mit zahlreichen Weiterbildungen und Modifizierungen bis zum Ende des Ancien régime verbindlich blieb, ist das eigentliche «Erbe» der italienischen Renaissance zu sehen. Sie hat nicht der langsamen Ausbildung frühmoderner Staatlichkeit und Behördenstrukturen, wohl aber der Kultur des aristokratischen Europa entscheidende Impulse verliehen. Und auch nach dessen Ende im Zeitalter der Französischen Revolution und Napoleons blieb diese Wirkung ungebrochen: Das 19. Jahrhundert sollte dann den Mythos von der Renaissance als Epoche des letzten Menschheitsfrühlings erfinden – ein Wirkungskreis schließt sich.

Literaturhinweise

1. Zur Epoche

Burke, P., Tradition and Innovation in Renaissance Italy. A Sociological Approach, London 1974

–, The Renaissance, London 1988 (deutsch: Die Renaissance, Berlin 1990)

Ferguson, W. K., The Renaissance in Historical Thought, Cambridge/Mass. 1948

Hay, D./Law, J., Italy in the Age of the Renaissance 1380–1530, London/New York 1989

Ralph, P. L., The Renaissance in Perspective, London 1973

Welch, E., Art and Society in Italy 1350–1500, Oxford/New York 1997

2. Einzelstudien

Abulafia, D. (Hg.), The French Descent into Renaissance Italy 1494–95. Antecedents and Effects, Aldershot 1995

d'Agostino, G., Parlamento e società nel Regno di Napoli, Napoli 1979

Arasse, D./Tönnesmann, A., La Renaissance maniériste, Paris 1997

Ascheri, M., Siena nel Rinascimento. Istituzioni e sistema politico, Siena 1985

Baron, H., The Crisis of the Early Italian Renaissance, 2. Aufl. Princeton 1966

Basile, B. (Hg.), Bentivolorum magnificentia. Principe e cultura a Bologna nel Rinascimento, Roma 1984

Bentley, J. H., Politics and Culture in Renaissance Naples, Princeton 1987

Beyer, A., Parthenope. Neapel und der Süden der Renaissance, Berlin 2000

Bratchel, M. E., Lucca 1430–1494. The Reconstruction of an Italian City-Republic, Oxford 1998

Brown, C./Lorenzoni, A. M. (Hgg.), Isabella d'Este and Lorenzo da Pavia. Documents for the History of Art and Culture in Renaissance Mantua, Genève 1982

Calzona, A. (Hg.), Leon Battista Alberti. Architetture e committenti, Firenze 2009

Cancila, O., Baroni e popolo nella Sicilia del grano, Palermo 1983

Caponetto, S., La riforma protestante nell'Italia del cinquecento, Torino 1992

Cauchies, J.-M./Chittolini, G. (Hgg.), Milano e Borgogna. Due stati principeschi tra medioevo e rinascimento, Roma 1990

Cernigliaro, A., Sovranità e feudo nel regno di Napoli 1505–1557, Napoli 1983

Chambers, D./Martineau, J. (Hgg.), Splendours of the Gonzaga, London 1982

Chittolini, G./Cerboni Baiardi, G./Floriani, F. (Hgg.), Federico di Montefeltro; lo stato, le arti, la cultura, 3 Bde., Roma 1986

Chittolini, G./Molho, A./Schiera, P. (Hgg.), Origini dello Stato. Processi di formazione statale in Italia fra medioevo ed età moderna, Bologna 1994

Clough, C. H., The Duchy of Urbino in the Renaissance, London 1981

Cochrane, E., Historians and Historiography in the Italian Renaissance, Chicago/London 1981

Covini, M. N., L'esercito del duca. Organizzazione militare e istituzioni al tempo degli Sforza (1450–1480), Roma 1998

Dean, T., Land and Power in late medieval Ferrara. The Rule of the Este, 1350–1450, Cambridge 1988

–, Notes on the Ferrarese Court in the Late Middle Ages, in: Renaissance Studies 3–4 (2008), S. 357–369

Dendorfer, J./Lützelschwab, R. (Hg.), Geschichte des Kardinalats im Mittelalter, Stuttgart 2011

Epstein, S. A., Genoa and the Genoese, 958–1528, Chapel Hill/London 1996

Field, A., The Intellectual Struggle for Florence. Humanists and the Beginnings of the Medici Regime, 1420–1440, Oxford 2017

Finlay, R., Politics in Renaissance Venice, New Brunswick 1980

Fubini, R., Italia Quattrocentesca. Politica e diplomazia nell'età di Lorenzo il Magnifico, Milano 1994

Garfagnini, G. C. (Hg.), Lorenzo il Magnifico e il suo mondo, Firenze 1994

Garin, E., Der italienische Humanismus, Bern 1947

Gilbert, F., Machiavelli and Guicciardini, Princeton 1965

Godman, P., From Poliziano to Machiavelli. Florentine Humanism in the High Renaissance, Princeton 1998

Greco, G./Rosa, M. (Hgg.), Storia degli antichi stati italiani, Bari 1996

Green, L., Lucca under many Masters. A fourteenth-century Italian Commune in Crisis (1328–1342), Città di Castello 1995

Gundersheimer, W. L., Ferrara. The Style of a Renaissance Despotism, Princeton 1973

Ianziti, G., Humanistic Historiography under the Sforzas. Politics and Propaganda in Fifteenth-Century Milan, Oxford 1988

Jones, P., The Malatesta of Rimini and the Papal State. A Political History, Cambridge 1974

–, The Italian City-State. From Commune to Signoria, Oxford 1997

Kent, F. W./Simons, P./Eade, J. C. (Hgg.), Patronage, Art and Society in Renaissance Italy, Canberra/Oxford 1987

Kirkbridge, R., Architecture and Memory. The Renaissance Studioli of Federico da Montefeltro, New York 2008

Kristeller, P. O., Renaissance Thought, New York 1961

–, Acht Philosophen der italienischen Renaissance, Weinheim 1986

–, Medieval Aspects of Renaissance Learning, New York 1992

Lazzarini, I., Communication and Conflict. Italian Diplomacy in the Early Renaissance, 1350–1520, Oxford 2015

Ligresti, D. (Hg.), Il governo della città. Patriziati e politica nella Sicilia moderna, Catania 1990

Martines, L., The social world of the Florentine Humanists, Princeton 1963

–, April Blood. Florence and the Plot against the Medici, Oxford 2004 (auch deutsch)

Maxson, B. J., The Humanist World of Renaissance Florence, Cambridge 2013

Nelson, J./Zeckhauser, R., The Patron's Payoff. Conspicuous Commissions in Italian Renaissance Art, Princeton 2008

Il potere, le arti, la guerra. Lo splendore dei Malatesta, Milano 2001

Polizzotto, F., The Elect Nation. The Savonarolan Movement in Florence 1494–1545, New York 1995

Reinhardt, V., Die Medici. Florenz im Zeitalter der Renaissance, München 4. Aufl. 2007

– (Hg.), Die großen Familien Italiens, Stuttgart 1992

–, Blutiger Karneval. Der Sacco di Roma 1527 – eine politische Katastrophe, Darmstadt 2009

–, Alexander VI. Borgia. Der unheimliche Papst, München 2011

–, Der Göttliche. Das Leben des Michelangelo, München 2010

–, Machiavelli oder Die Kunst der Macht. Eine Biographie, München 2014

–, Pius II. Piccolomini. Der Papst, mit dem die Renaissance begann. Eine Biographie, München 2013

–, Leonardo da Vinci. Das Auge der Welt. Biographie, 2. Aufl. München 2019

Roeck, B./Tönnesmann, A., Die Nase Italiens. Federico da Montefeltro, Herzog von Urbino, Berlin 2005

Rösch, G., Venedig. Geschichte einer Seerepublik, Stuttgart/Berlin/Köln 2000

Rosenberg, C. M., The Este Monuments and Urban Development in Renaissance Ferrara, Cambridge 1997

Rubinstein, N., The Government of Florence under the Medici (1434 to 1494), Oxford 1966

Ryder, A., The Kingdom of Naples under Alfonso the Magnanimous. The Making of a Modern State, Oxford 1976

Signorini, R., Opus hoc tenue. La camera dipinta di Andrea Mantegna, Parma 1985

Smyth, C. H./Garfagnini, G. C. (Hgg.), Florence and Milan: Comparisons and Relations, 2 Bde., Florence 1989

Starn, R./Partridge, L., Arts of Power. Three Halls of State in Italy 1300 to 1600, Berkeley/Los Angeles/Oxford 1992

Stinger, C. L., The Renaissance in Rome, Bloomington 1985

Struever, N. S., The Language of History in the Renaissance. Rhetoric and Historical Consciousness in Florentine Humanism, Princeton 1970

Tewes, G.-R., Kampf um Florenz. Die Medici im Exil 1494–1511, Köln u. a, 2011

Varese, R., Il ciclo cosmologico di Schifanoia: un momento della civiltà cortese in Europa, in: Salmons, J./Moretti, W. (Hgg.), The Renaissance in Ferrara and its European Horizons. Il Rinascimento a Ferrara e il suo orizzonte europeo, Cardiff/Ravenna 1984

Viggiano, A., Governanti e governati. Legittimità del potere ed esercizio del l'autorità sovrana nello Stato veneto della prima età moderna, Treviso 1993

Walter, I., Die Strozzi. Eine Familie im Florenz der Renaissance, München 2011

Ward Swain, E., The Wages of Peace: The Condotte of Ludovico Gonzaga 1436–1478, in: Renaissance Studies 3–4 (2008), S. 442–452

Bildnachweis

Abb. 2: Ingo F. Walther (Hg.): Malerei der Welt, Bd. 1, Köln 1995, S. 115

Abb. 3: Angela Donati: Il potere, le arti, la guerra, Milano 2001, S. 247

Abb. 4: Roger Jones/Nicholas Penny: Raffael, München 1984, S. 119, Abb. 132

Abb. 6: Ugo Muccini: Il Salone dei cinquecento in Palazzo Vecchio, Firenze 1990, S. 120

Personenregister